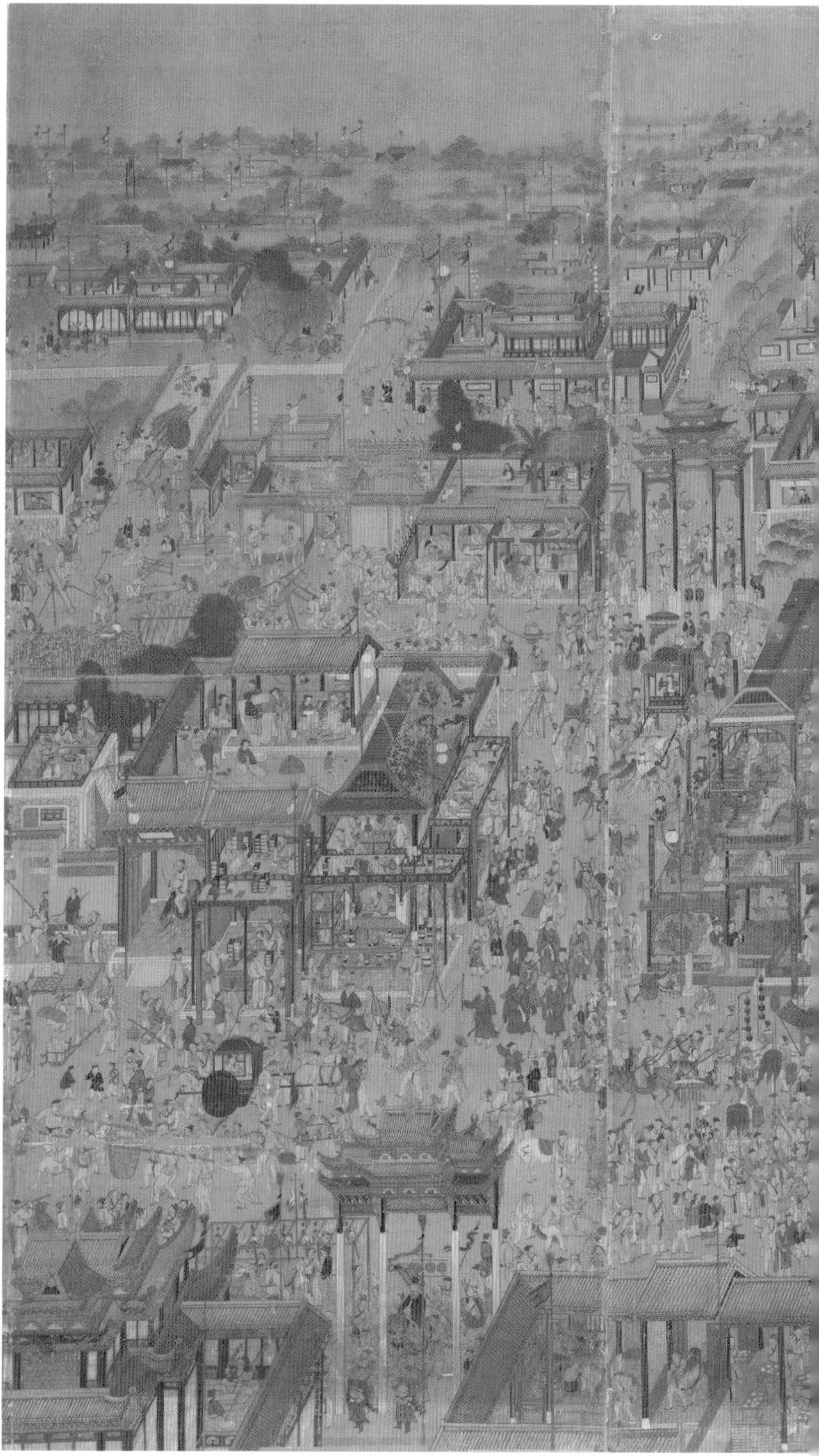

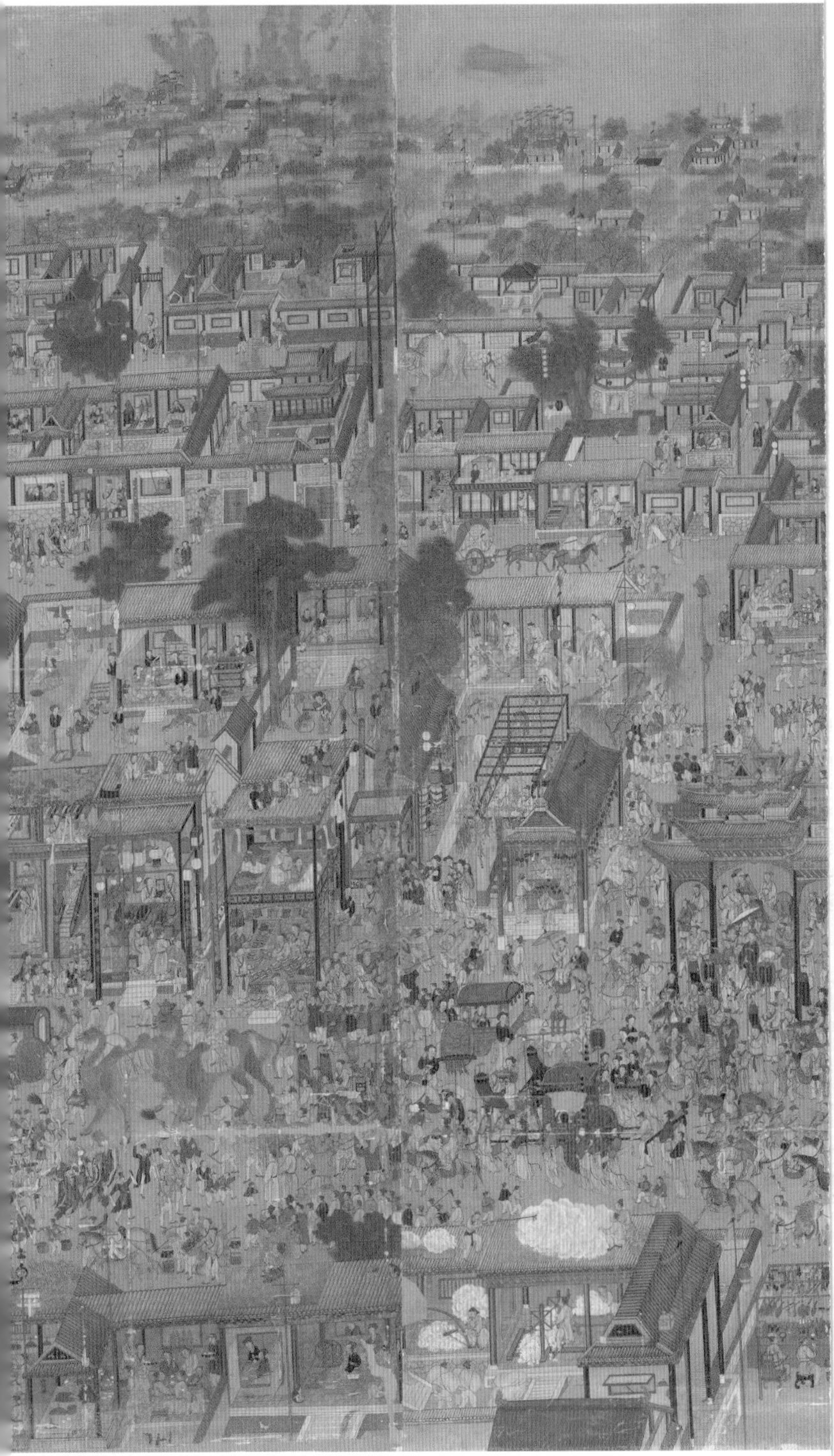

호수는 어디에

-호서와 호남은 없다-

환상의 나라
Land of illusion

호수는 어디에

호서와 호남은 없다

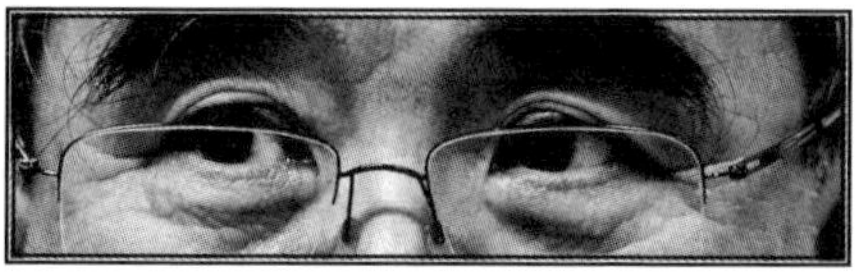

이영훈 교수의 **환상의 나라** 2

백년
동안

머리말

“뭐 좀 신나는 것 없어?” 어느 친구가 내게 한 말이다. 보통 사람들이 역사가에 거는 기대를 그렇게 대변해 주었다. 역사가들의 연구와 글쓰기는 이 같은 대중의 기대에 얽매이기 쉽다. 명예와 권력과 신분 보장이 주어지기 때문이다. 15~19세기 조선왕조의 역사와 관련하여 주요 개설서나 교과서는 전 인구의 4할을 차지했던 노비 신분에 관해 거의 언급하지 않았다. 신나는 이야깃거리가 아니기 때문이다. 조선왕조가 명·청 제국의 제후국이었다는 사실에 대해선 아예 눈을 감았다. 이 역시 신명을 돋우는 거리가 아니기 때문이다.

지난 책 『세종은 과연 성군인가』에서 다룬 세종 환상은 1960년대 이후 역사가들의 연구와 글쓰기가 대중의 민족주의적 요구에 복무해 온 결과로 생긴 것이다. 세종은 노비제를 확립했으며 제후국으로서의 국가체제를 정비한 임금이다. 그럼에도 오늘날 세종이 성군으로 받들어지고 있음은, 나아가 그의 애민 정신이 한국 민주주의의 역사적 뿌리를 이룬다고까지 칭송되고 있음은 역사가들이 그 시대의 피억압 민중이나 중국과의 관계를 공정하게 객관적으로 다루지 않았기 때문이다.

지난 책의 말미에서 나는 세종이 정비한 제후국으로서의 국가체제는 이후 근 500년의 세월에 걸쳐 사회생활과 정신세계의 구석구석으로 스며들어 그에 상응하는 문화적 유전자를 생성했으며, 그것은 오늘날까지도 우리 한국인의 역사의식과 국제관계를 규정하는 요인으로 살아있다고 주장하였다. 지금 상재하는 『호수는 어디에 – 호서와 호남은 없다』는 3년 전에 제기한 그 연구과제에 대한 내 나름의 답변이다.

1960년대 이후 한국인을 통합해 온 가장 중요한 이념은 민족주의이다. 그에 따라 조선왕조는 문민정치와 선비 문화가 아름답게 꽃핀 나라로 분장되었다. 세종 환상도 따지고 보면 그와 궤도를 같이 하는 현상이다. 대조적으로 마르크스의 계급사관에 입각한 북한의 역사책을 보면 세종은 성군이기는커녕 백성을 가장 억압하고 착취한 봉건 군주로 비판되고 있다. 그렇게 세종 환상은 체제에 따라 상이한 정치적 의도로 기획

된 것이라는 특질을 지닌다.

그에 비해 이 책에서 다루는 호수 환상은 그 연원이 훨씬 길고 깊다. 그 환상은 오랜 세월에 걸쳐 한국사 고유의 사생관과 자연관이 각 시대의 국제환경과 상호작용하는 과정에서 서서히 익어온 것이다. 성립 시기부터 따지면 '천년의 꿈'이었다. 아무도 도전한 적이 없는 신화의 영역이었다. 이 책은 그런 장벽에다 빈약한 머리를 부딪친 만용으로 쓰였다. 원래 문화 현상은 그 인과를 관찰하기도 논증하기도 어렵다. 관련 자료를 박람博覽하면서 복잡한 맥락을 놓치지 않으려고 애를 썼으나 필경 적지 않은 무리와 오류가 곳곳에 깃들어 있을 터이다. 그에 대한 가차 없는 지적은 마음의 문을 활짝 열고 가장 반갑게 맞이할 손님이다.

돌이켜보면 1960년대 이후 조선왕조의 복권은 민족주의의 발흥에 편승한 무임승차에 가까웠다. 망국으로 이어진 17~19세기의 역사가 철저하게 해부되고 비판되지 않았다. 그 과정에서 수많은 환상이 이어지거나 새롭게 생겨났다. 오늘날

이 나라는 그렇게 역사로부터 물려받은 부負의 유산으로 심한 몸살을 앓고 있다. 3년 전 '환상의 나라' 시리즈를 시작한 문제의식은 이와 같았다.

제1권 이후 많이 늦어진 원고를 묵묵히 기다려 주신 출판사 백년동안의 김광숙 사장에게 감사의 인사를 드린다. 출판사의 전언에 의하면 3년 동안 이 책을 기다려온 독자가 적지 않은 모양이다. 그들에게도 감사의 인사를 전하면서 본 시리즈 제3권의 빠른 출간을 기약한다.

2021년 2월

이영훈

목차

3. 벽골제의 역사

4. 소중화의 국제질서

7. 끝내는 말

1

시작하는 말

이 나라의 8도에는 제 나름의 별칭이 있다. 충남과 충북의 별칭은 호서湖西이다. 전남과 전북은 호남湖南, 경남과 경북은 영남嶺南이다. 강원도의 별칭은 둘이다. 태백산맥을 경계로 동쪽은 영동嶺東, 서쪽은 영서嶺西이다. 이외에 경기, 충북, 충남을 아우르는 기호畿湖란 별칭이 있다. 기호는 호서와 호남만큼 널리 쓰이지 않는다. 그래도 인천에 본사를 둔 『기호일보畿湖日報』란 신문이 있듯이 지역의 별칭으로서 유효하다. 각각의 별칭은 지형을 기준으로 생긴 것인데, 실제로는 그 이상의 의미를 함축하고 있다.

조선 시대 우리 조상은 지역의 산세와 사람의 성품 사이에 밀접한 관계가 있다고 믿었다. "경상도 산세는 산이 웅중

雄中하기로 사람이 나면 정실正實하고, 전라도 산세는 산이 촉矗하게 생겼기로 사람이 나면 재조 있고, 충청도 산세는 산이 순순하기로 사람이 나면 인정이 있다."[1] 「춘향가」의 한 대목이다. 경기도에 대해선 착한 사람은 더없이 부드럽지만 악한 사람은 호랑이처럼 사납다고 하였다. 왕실과 세도 가문이 사는 곳이라서 그런지 일반 민중의 감정은 그리 우호적이지 않았다.

아직도 이런 속설을 믿는 사람은 거의 없을 터이다. 그렇지만 각각의 별칭에는 그 지방 고유의 정감情感이 배어 있다. 그 점마저 부인하기는 힘들다. 호남 하면 나는 그 지방의 수려한 음식문화를 떠올린다. 호남은 또한 예향藝鄕이다. 내가 들린 전남 광주시의 다방에는 대개 볼만한 서화가 걸려 있었다. 영남은 어떠한가. 나는 선뜻 완고한 양반 문화를 떠올린다. 2016년 기준으로 불천위不遷位 조상을 모시는 가문은 전국적으로 476개이다. 불천위라 함은 4대가 지나도 신주를 땅에 묻지 않고 영원히 제사를 지내는, 관직이나 학문이 뛰어난 조상을 말한다. 그중 196개 가문이 경북 북부에 분포해 있다.[2] 경북 안동시의 초입에는 "한국 정신문화의 수도"라는 아치가 커다랗게 세워져 있다. 나는 그 말에 동의하지 않는다. 한국의 정신문화는 샤머니즘, 도교, 불교, 유교 등 여러 가지가 혼합된 것이며, 20세기에 들어서는 기독교가 융성하였다. 이

나라는 자유민주주의의 나라인데, 그 정치이념은 유교에서 생겨난 것이 아니다. 그럼에도 안동시가 "전통문화의 수도"를 자처하고 중앙정부의 특허까지 얻어낸 것은 그 지역을 지배하는 양반 문화의 배타성이랄까 완고함 탓이다.

이런 객설일랑 뒤로 물리고 본론으로 들어가자. 서울에서 남쪽으로 이 나라를 관망하면, 오른쪽 절반이 호수의 고장이다. 기호, 호서, 호남의 지역 별칭 모두에 '호湖'자가 들어 있기 때문이다. 그런데 그 호수가 어디의 무슨 호수냐고 물으면 사람들은 대답하지 못한다. 잘 알지 못할뿐더러 생각이 서로 다르다. 영남, 영동, 영서의 '영'은 비교적 명확하다. 소백산맥과 태백산맥에 있는 추풍령, 죽령, 조령, 대관령과 같은 큰 고개가 그 실체임에는 별 이의가 없다. 그런데 기호, 호서, 호남의 '호'는 그 실체가 애매하다.

언젠가 강의실에서 충청도가 왜 호서냐고 물었다. 대전 출신의 어느 학생이 대청호 때문이라고 하기에 웃고 말았다. 지금이야 이 나라 곳곳에 소양호, 충주호, 대청호, 옥정호, 용담호, 안동호, 합천호와 같은 큰 호수가 많지만 이 호수들은 모두 1960년대 이후 만들어진 것이다. 기호, 호서, 호남이란 지역 별칭은 조선 시대에 생겼다. 필경 지역의 경계를 나눌 만한 큰 호수가 있기에 그런 말이 생겼으리라. 그런데 조선 시대의 여러 지도를 살펴봐도 그런 큰 호수는 보이지 않는다. 중국에 가면 동정호洞庭湖가 있다. 송대宋代의 동정호는 동서의 길이가 300km에 달하였다. 그래서 '동정호 700리'라는 말이 생겼다. 중국에서 호남성湖南省과 호북성湖北省이 생긴 것은 동정호를 경계로 해서였다. 그런 역할을 할 만한 큰 호수를 조선에서는 찾을 수 없다.

곧이어 소개하겠지만 조선 시대의 우리 조상은 호남과 호서가 생긴 것은 김제의 벽골제碧骨堤 때문이라고 생각하였다. 벽골제가 과연 큰 호수였는지는 의문이다. 그 점을 이 책에서 상세하게 논증하겠다. 여기서는 일단 그렇다 치자. 그러면 충청도는 전라도의 북쪽에 있으니 호북이라 해야 마땅하다. 그런데 호서라 했으니 이를 쉽게 납득할 수 없다. 그래서인지 언제부턴가 호서라는 별칭은 제천의 의림지義林池 때문이라는 속설이 생겨났다. 이것도 쉽게 납득할 수 없다. 제천은 충청도의 맨 북쪽이다. 그렇다면 충청도 역시 호남이어야 마땅하다. 지도를 보면 제천의 서쪽은 여주로서 경기도이다. 그래서 의림지를 기준으로 호서가 생겼다면 경기도를 호서로 불러야 한다.

이렇게 호남과 호서의 호수는 어디에 있는지, 하나인지 둘인지, 둘이라면 상호관계가 어떤지를 아무래도 잘 설명할 수 없는 수수께끼이다. 호수를 낀 지역 별칭은 15~16세기에 생겨났으며, 17~18세기에 일반화되었다. 거기엔 우리 조상이 보유한 세계관과 그에 상응하는 국토 감각이 알게 모르게 작용하였다. 그 세계관과 국토 감각에는 오늘날의 관점에서 환상이라 해도 좋을 그 무엇이 스며 있었다. 그것을 해명하고자 함이 이 책의 과제이다. 그렇다면 아직도 그 별칭을 즐겨 사용하는 오늘날의 한국인은 조선 시대의 세계관과 국토 감각을 환상으로 계승하고 있단 말인가. 오늘날의 한국인은 아직도 중세적 환상에 젖어서 살고 있단 말인가. "호수는 어디에"라는 이 책의 제목에는 이 같은 현대 한국인의 정체성과 관련하여, 여태껏 무심코 지나쳐온 무척이나 심각한 문제가 잠복해 있다.

2

벽골제의 정체

호남과 호서의 출현

고려왕조의 사대부로서 태조 이성계李成桂의 조선왕조 창업에 협조한 조준趙浚이란 사람이 있다. 다음은 조준이 남긴 시로, 대략 1370년대의 작품으로 보인다.[1]

수령 되어 아득히 먼 길을 떠나 보니杖節悠悠作遠遊
맑은 강 붉은 나무 나그네로 가을 맞네澄江紅樹客中秋
도탄에 빠진 백성 어찌할 수 없음을 알겠으니斯民塗炭知無奈
호남 곳곳 누각마다 홀로 기대 시름하네獨凭湖南處處樓.

마지막 행에 '호남'이란 두 글자가 보인다. 이것이 알려진 것 중에서 가장 오랜 호남의 용례이다. 비슷한 시기 전라도 광산의 탁광무卓光茂란 사람이 시를 남겼는데, 거기에도 호남이란 두 글자가 있다. 그 이전 고려 시대에 호남이란 지역 명칭은 없었다. 995년 고려왕조는 전국을 10개 도로 나누면서 오늘날의 전북을 강남도江南道, 전남을 해양도海陽道라 하였다. 1018년 강남도와 해양도는 전라도로 통합되었다. 이러한 도명의 역사와 별도로 이 지역을 호남으로 부르는 관행은 고려 시대에 걸쳐 존재하지 않았다. 『고려사高麗史』에 한 차례 호남이란 지명이 나오는데 이것은 중국의 호남성을 가리킨다. 그러다가 위와 같이 대략 1370년대부터 사대부들의 시문에서 드문드문 호남이란 두 글자가 모습을 드러내기 시작하였다.[2]

조선 시대에 들어서도 호남의 용례는 한동안 사대부들의 시문에 한정되었다. 호남은 어디까지나 문학적 풍취로 쓰였으며, 일상의 생활언어가 아니었다. 『조선왕조실록』에서 호남의 용례가 최초로 관찰되는 것은 1447년 세종世宗 29년의 일이다. 이후 세조世祖 연간(1455~1468)에는 두 차례에 그치고 이후 성종成宗 연간(1469~1494)부터 조금씩 많아지는데, 일반화된 것은 16세기 후반이 되어서이다. 특히 임진왜란을 치른 선조宣祖 연간(1567~1608)에 그러하였다. 선조는 대신들과 각 도의 전황을 논하면서 호남에 대해 많은 관심을 기울였다. 이순신李舜臣 장군의 "호남이 없으면 조선은 없다"는 유명한 말도 16세기 말이면 호남이 당대인의 언어생활에서 꽤 일상화한 상태임을 전하고 있다.

충청도를 호서로 별칭하는 관행 역시 고려 시대와 무관하였다. 조선 시대에 들어서도 15세기에 걸쳐 호서는 미성립이었다. 14세기 말 호남이란 말이 생겨 퍼져나갔지만, 호서는 그와 보조를 맞추지 않았다. 호서가 왕조실록에서 처음 관찰되는 것은 1520년 중종中宗 15년이다. 그럼에도 16세기 말까지 그 용례는 일반적이지 않았다. 『중종실록』에서 호서가 언급된 것은 3회에 불과하며, 뒤이은 『명종실록』에선 1회에 그친다. 호서가 일상화된 것 역시 임진왜란 중의 일이다. 사대부의 문집에서 호서가 나타나는 것은 유성룡柳成龍의 『서애집西厓集』이 처음이다.[3] 다른 한편 기호라는 별칭이 왕조실록에 처음 등장하는 것은 1627년 인조仁祖 5년이다. 왕조실록에서 기호가 일상화된 것은 숙종肅宗 연간(1674~1720)부터인데, 개인 문집에서는 권상하權尙夏의 『한수재집寒水齋集』이 처음으로 알려져 있다.[4]

이상을 정리하면 다음과 같다. 호남의 성립 시기는 1370년대, 호서는 1520년대, 기호는 1620년대이다. 각각의 사이에 상당한 시차가 있다. 다시 말해 이들 지역 별칭은 상호 무관하게 비체계적으로 발생하였다. 일종의 문화 현상으로서 슬그머니 생겨난 것들이다. 그러했기에 전라도를 호남이라 하고서도 그 북쪽의 충청도를 호서라고 한 것이다. 그 정도의 어긋남이랄까 비논리성은 받아들이기에 족한 문학적 풍취에 속하였다.

호남과 호서의 지역 별칭이 공식화하는 것은 17세기가 되어서이다. 동 세기에 걸쳐 조선왕조는 도별로 대동법大同法을 확대 시행하였다. 그에 따라 1652년 호서청湖西廳이 설치되었다. 충청도에서 수취한 대동미大同米를 관리하는 재정기구가 호서청이다. 1657년에는 호남청湖南廳이 설치되었다. 뒤이어 1677년에는 영남청嶺南廳이, 1708년에는 해서청海西廳이 설치되었다. 중앙정부에 호서청과 호남청이 생기자 충청도와 전라도는 호수의 고장으로 공식화하였다. 도대체 그 호수는 어디에 있는 무슨 호수였던가.

요령부득의 설명

그것은 전라도 김제의 벽골제였다. 최초의 실학자로 평가되는 유형원柳馨遠이 그 같이 이야기하였다. 유형원은 그의 유명한 『반계수록磻溪隨錄』에서 농사의 큰 의지로써 수리의 중요성을 강조하였다. 그는 전라도의 유명한 저수지인 김제의 벽골제, 고부의 눌제訥堤, 익산의 황등제黃登堤가 무너져 있는 현실을 안타까워하면서 그 모두를 다시 쌓을 것을 주장하였다. 그러면서 벽골제를 두고 "전라와 충청의 이름을 호남과 호서로 하는 것은 이에서 유래한다"고 천명하였다. 그것은 유형원만의 생각이 아니었다. 17세기 중반에 이르러 전라와 충청은 호수의 고장으로 공식화하였다. 당시 많은 사람들이 그렇게 생각했으며, 유형원은 그러한 시대의 통념을 그의 책에 옮겼을 뿐이다.

그 통념이 요령부득임은 앞서 지적한 그대로이다. 벽골제 아래 전라도가 호남이라면, 그 북쪽 충청도는 호북이어야 마땅하다. 인터넷을 뒤지면 호남이란 지역 별칭이 생긴 것은 충청도와의 경계인 금강을 호수로 간주했기 때문이란 주장에 접할 수 있다. 이것은 조선 시대의 사료에서 근거를 찾을 수 없는 낭설에 불과하다. 설령 그렇다 치더라도 금강 경계설은 충청도가 호서임을 설명할 도리가 없다. 금강의 북쪽이니 충청도는 마땅히 호북이어야 했다.

이 같은 모순은 호서를 설명할 또 하나의 호수를 요청하였다. 현재 전하지 않지만 『역대아람歷代兒覽』이란 책이 그 과제에 부응하였다. 책의 제목으로 짐작하건대 아이들을 위한 역사책이다. 충청도의 아이들이 "호서의 호수는 어디 있나요"라고 물으니 어른들이 어떤 식으로든 대답을 할 수밖에 없고, 그래서 충청도의 어느 호수가 호서의 상징으로 떠올려진 것으로 짐작된다. 18세기 후반 이긍익李肯翊은 『연려실기술燃藜室記述』이란 백과사전을 편찬하면서 그 『역대아람』을 인용하였다. 그에 의하면 전라도를 호남으로, 충청도를 호서로 부르는 것은 김제의 벽골제를 경계로 해서인데, 혹자는 호서에 대해 제천의 의림지義林池 때문이라고 한다고 하였다.[5] 이처럼 『역대아람』은 통설로서의 벽골제 설을 취한 다음, 호서에 한하여 의림지 설을 보완으로 채택하였다.

19세기에 들어오면 정약용丁若鏞으로부터 호남과 호서에 관한 설명을 듣는다. 정약용은 그의 『아언각비雅言覺非』에서 "사람들이 충청도를 호서라 칭하는 것은 의림지의 서쪽이기 때문이고 전라도를 호남이라 칭하는 것은 벽골제의 남쪽이기 때문이라 하는데, 나는 그것이 옳은지 그른지 알지 못하겠다"고 하였다.[6] 그렇게 19세기가 되면 호남의 호수는 벽골제를, 호서의 호수는 의림지를 가리키고 있었다. 호남과 호서의 호수는 17세기 벽골제라는 단일의 호수에서 18세기 벽골제를 주主로 하고 의림지를 종從으로 하는 과도기를 거쳐, 19세기면 벽골제와 의림지가 병립하는 복수의 호수로 이행하였다. 당초 문학적 풍취로 생겨난 호수였다. 그에 관한 시대별 인식은 슬그머니 단일의 호수에서 복수의 호수로 바뀌었다. 그런데 정약용은 벽골제와 의림지를 기준으로 호남과 호서가 생겼는지는 알 수 없다고 하였다. 정약용이 누구인가. 당대 최고의 학자가 아닌가. 그가 모른다고 했는데, 누가 나서서 내가 안다고 큰소리칠 수 있는가. 그 문제는 지금껏 아무도 알지 못하는 수수께끼로 남아 왔다.

12개 군현에 걸친 호수

1798년 5월 28일 국왕 정조는 신하들과 농사에 관해 논하던 중 다음과 같이 이야기하였다. "제언堤堰의 이익은 큰 가뭄에도 물이 마르지 않음에 있다. 우리나라는 풍속이 게을러서 제언을 수리하지 않는다. 호남의 벽골제는 중국에서도 유명하

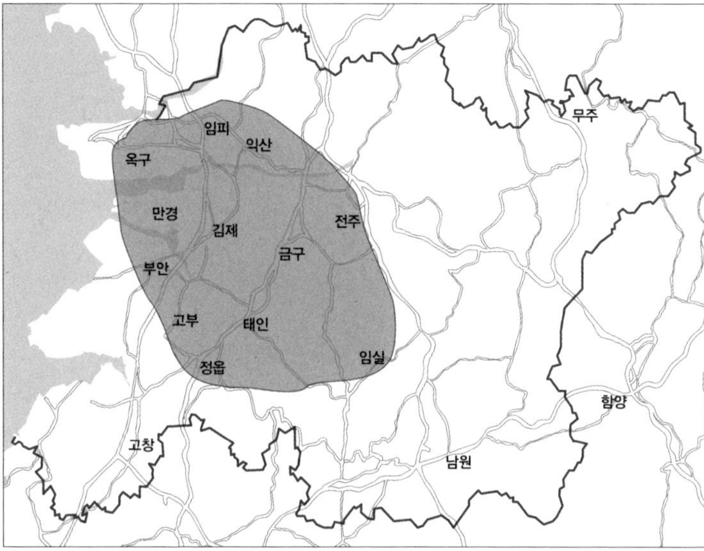

[자료1] 정조가 상상한 벽골제의 범위. 굵은 선은 오늘날 전북의 경계임

다. 비단 수리만이 아니라 국방의 요처이기도 하다. 그럼에도 지금 폐기된 지 오래여서 한갓 구릉으로 변하고 말았다. 이 제언을 다시 파낼 수 있다면 호남 한 지방은 가뭄을 걱정하지 않아도 좋을 것이다."[7]

동년 6월 3일 정조는 다시 벽골제에 대해 언급한다. "근래에 가뭄이 잇달아 발생하는 것은 수리를 강구하지 않기 때문이다. 호남의 벽골제를 다시 파낼 수 있다면 올해와 같은 가뭄은 염려할 필요가 없다. 지금 모조리 막혀 거의 구릉으로 변하여 옛 모습을 찾을 수 없다고 하니 어찌 애석하지 않은

가. 벽골제는 동서남북이 12개 군에 걸쳐 있는 큰 제언으로서 호서와 호남을 칭하는 것은 대개 여기서 나왔다."[8]

이렇게 정조가 머리에 그린 벽골제는 동서남북, 곧 사방의 둘레가 주변의 12개 군현에 걸친 어마어마한 크기의 호수였다. 김제를 둘러싼 11개 군현을 열거하면 만경, 옥구, 임피, 익산, 전주, 금구, 임실, 태인, 정읍, 고부, 부안 등이다[자료1]. 오늘날 전북의 거의 절반에 해당하는 크기이다. 그 넓은 범위에 걸친[9] 초대형 호수가 정조가 그린 벽골제 이미지였다. 그렇게 컸기에 정조는 벽골제는 중국에서도 유명하다고 하였다. 또한 근거가 뭔지 잘 알 수 없으나 벽골제가 국방의 요처라고도 했다.[10]

어쨌든 한 나라의 왕이 자신의 판도에 대해 이런 엉뚱한 생각을 하는 것은 기이한 일이다. 정조가 그의 왕국을 온전히 돌아본 적은 없다. 그의 거둥 범위는 서울과 수원 사이를 벗어나지 않았다. 그는 『동국여지승람東國輿地勝覽』과 같은 지리서를 통해 그의 판도를 감각하였다. 그 지리서에서 그는 전라도 북단의 12개 군현에 걸쳤던 호수를 찾아내고, 그것이 말라 구릉으로 변한 현실을 안타까워하였다. 그것은 거대한 환상이었다. 곧이어 설명하겠지만 김제는 12개 군현 중 가장 표고가 낮은 바닷가의 저지대이다. 수리 공학상 주변 산간부의 군현으로 물을 보낼 위치에 있지 않다. 정조가 벽골제로 인해 호서와 호남의 구분이 생겼다고 한 것은 12개 군에 걸치는 초대형 호수에 대한 환상에 기인한 것이다.

김제 일원의 지형

이제부터 벽골제의 정체에 대해 차분하게 살펴보도록 하자. 1916년 조선총독부는 한반도와 부속 도서의 전역을 측도하여 5만분의 1 지형도를 완성하였다. [자료2]는 그 지형도를 원 자료로 하여 김제 일원의 지형을 산지, 평야, 강, 바다를 중심으로 개략적으로 그린 것이다. 좌상에서 우하까지 차례로 첨부된 번호는 이하의 설명을 돕기 위해 임의로 붙여진 것이다.

3지점은 김제군의 중심인 김제읍이다. 그 동남으로 넓은 평야가 펼쳐져 있다. 흔히들 김제평야 또는 전북평야라 한다. 평야를 따라 서남으로 내려오면 지형도의 거의 중앙부인 17지점에서 남과 북의 두 산지를 잇는 제방을 만난다. 곧 벽골제이다. 지형도에서 길이를 재면 대략 2km이다. 자세히 살피면 제방의 남단부가 허물어져 있다. 원래는 남쪽의 야산에 닿았을 터이다. 제방의 북단부와 중앙부는 두 개의 작은 저수

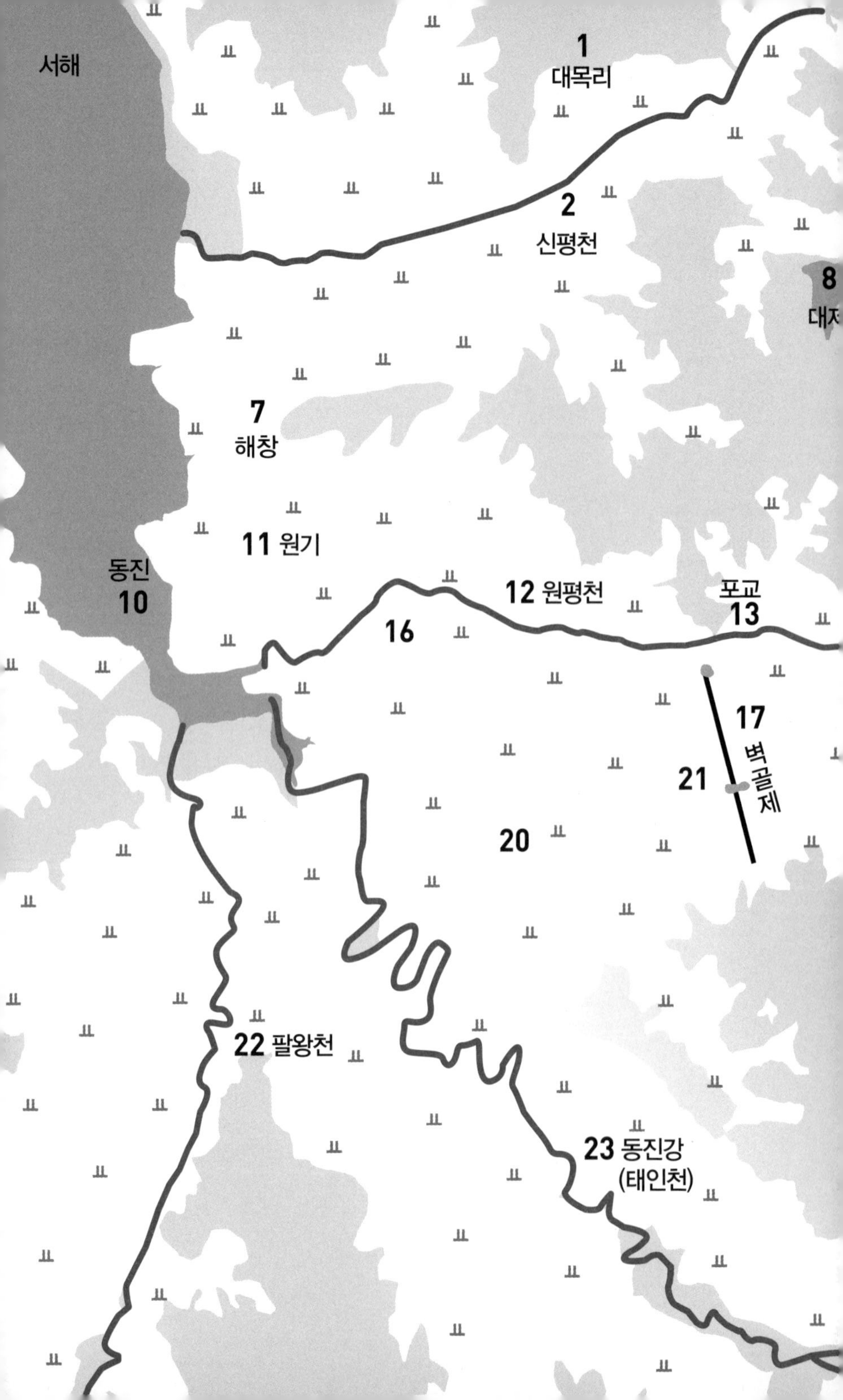

서해
1
대목리
2
신평천
8
대저
7
해창
11 원기
동진
10
12 원평천
포교
13
16
17
벽골제
21
20
22 팔왕천
23 동진강
(태인천)

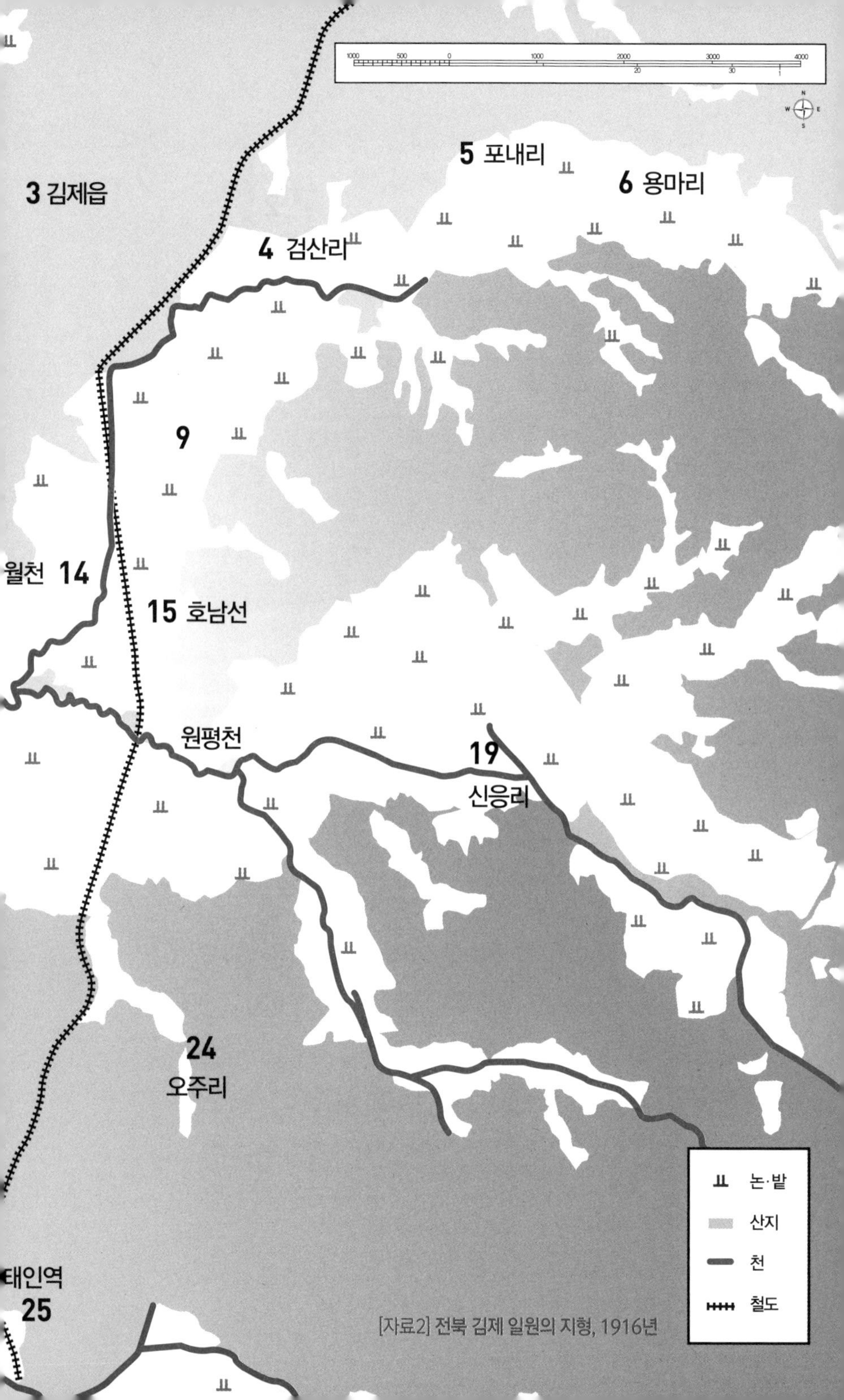

[자료2] 전북 김제 일원의 지형, 1916년

[자료3] **벽골제 유적, 1911년**

지로 끊어져 있다. 저수지의 이름은 둘 다 용추龍湫인데, 이에 대해선 나중에 다시 언급하겠다. [자료3]은 1911년 이곳을 방문한 일본인 농업기사가 찍은 벽골제의 유적이다.[11] 허물어져 평지로 변한 제방에 서 있는 두 돌기둥의 모습이다.

일대의 주요 수계水系는 원평천(12), 두월천(14), 동진강(23), 팔왕천(22), 신평천(2)이다. 원평천은 동쪽의 산간에서 발원한 여러 갈래의 계수溪水가 하나로 모여 서쪽으로 흘러 벽골제 북단의 포교浦橋(13)를 통과한 다음 동진東津(10)으로 들어간다. 두월천은 동북의 산지에서 발원하여 서남으로 김제평야를 통과하여 원평천에 합류한다. 동진강은 동남의 산지에 발원하여 태인泰仁을 거쳐 심한 굴곡을 이루며 서북진하다 동진으로 들어간다. 동진강은 조선 시대에는 태인천으로 불렸다. 그리고 팔왕천은 서남으로 30km 쯤에 위치한 고부古阜와 줄포茁浦 사이의 야산에서 발원하여 북진한 다음 동진으로 들어간다. 오늘날에는 고부천으로 불리고 있다. 신평천은 김제읍의 북서 야산에서 발원하여 서남으로 흘러 바다로 들어간다.

동진부터는 서해이다. 지금은 새만금방조제의 준공으로 육지가 되었지만, 얼마 전까지만 해도 밀물이면 바다고 썰물이면 갯벌이었다. 『세종실록』의 지리지地理志는 동진에 대해 조수가 이르는 곳이어서 다리를 놓아 지나가는 사람을 돕는다고 하였다. 7은 해창海倉이다. 조선 시대 김제군의 조세가 여기서 조운선에 실려 서울로 올라갔다. 『동국여지승람』에서부터 그 존재가 확인되니 유래가 오랜 조창漕倉이다. 지형도에서는 바닷가로부터 1km가량 내륙에 위치해 있다. 이는 러일전쟁 이후 이곳으로 진출해 온 일본인들이 해창 밖으로 방조제를 쌓아 농장을 개간하였기 때문이다. 11은 원기院基라 불린 곳이다. 조선 시대에 오가는 손님을 맞는 원院이 설치된 곳이다. 닷새마다 장이 열리는 곳이기도 하였다. 장이 열리면 주변의 포구에서 상선이 밀물을 타고 들어왔다. 장은 꽤 번창했던 것 같다. 조선 시대의 원기 일대는 서포면이라 하여 170호에 불과한 조그만 면이었다. 그중의 40호가 원기장을 무대로 활동한 상인이었다.[12] 주민 대비 상인의 수가 그렇게 많은 곳은 한강 이남에서 다시없었다.

해창과 원기를 거쳐 아래의 원평천에 이르는 경계의 서쪽은 조선 시대에 조수가 드나드는 바다요, 갯벌이었다. 지대가 조금 높아 염수鹽水와 담수淡水가 적절히 섞인 곳에는 갈대 등의 염생식물이 무성하게 자랐다. 밀물이 들면 조운선과 상선이 갈대밭 사이의 수로를 따라 해창과 원기에 정박하였다. 그러면 선원과 선상을 맞는 객주, 짐꾼, 주모의 호객 소리로 포구가 떠들썩하였다. 볼일을 마친 배들이 서해로 빠져나가는 것은 썰물을 타고서였다. 이곳의 역사를 연구할 때는 적어도 이 정도의 상상력은 필수적이다.

한반도에서 가장 낮은 지대

김제 일원은 한반도에서 표고가 가장 낮은 지대이다. 지리학자들은 김제평야를 여러 형태의 평탄지 가운데 하해혼성평

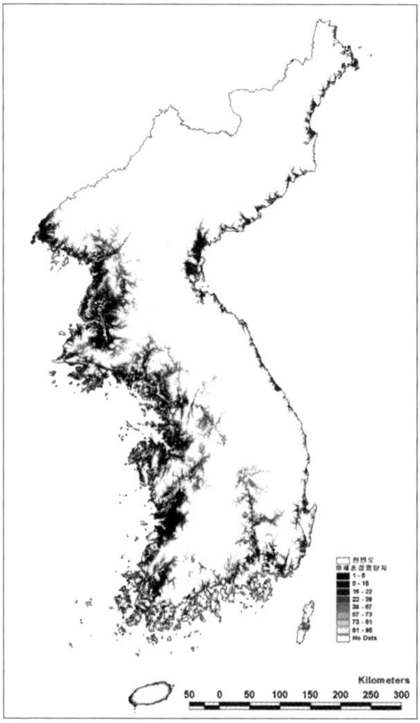

[자료4] 한반도 하해혼성평탄지의 분포

탄지河海混成平坦地로 분류하고 있다. 곧 강과 바다의 충적沖積 작용으로 생겨난 평탄지라는 뜻이다. [자료4]는 한반도 연안부에 조성된 하해혼성평탄지의 분포이다.[13] 흑백의 농도는 표고를 나타낸다. 가장 짙은 검정색은 표고가 1~5m에 불과하다. 금강, 만경강, 동진강 유역이 가장 넓고 짙은 검정색을 이루고 있다.

충적토는 두 경로로 공급되었다. 하나는 주변의 산지로부터이다. 빗물을 타고 흘러내린 토사는 크고 작은 하천을 따라 하류역으로 옮겨졌다. 다른 하나는 주변의 큰 강을 통해 바다로 유입된 내륙의 토사이다. 그것이 밀물을 타고 김제평야로 올라와 침전되었다. 서해 연안은 파랑이 심하지 않고, 밀물이 깊숙이 들어와 머무는 시간은 평균 8시간이다. 이 같은 조건에서 서해 연안의 평탄지를 형성한 충적토는 주로 바다를 통해 공급된 것으로 이해되고 있다.[14] 이 같은 강과 바다의 충적 작용이 수 만 년의 세월에 걸쳐 지층 1~2m의 농경에 적합한 평야를 만들어낸 것이 김제평야이다.

그러한 연유로 김제평야는 최근까지 바닷물의 침입으로부터 자유롭지 않았다. [자료2] 지형도 곳곳에는 수준점水準點이 표기되어 있다. 벽골제 안팎의 16, 18, 21지점의 표고는 2.8m, 2.2m, 3.0m이다. 두월천을 따라 북으로 올라간 9지점의 표고는 2.7m이다. 이들 지점을 통과하는 원평천과 두월천의 바닥 표고는 더욱 낮았다. 반면 동진강 하구 해역에서 만조의 수위는 평균 3.2m에 달하였다. 원평천과 두월천은 밀물이 들면 바닷물이 올라오는 감조하천感潮河川이었다.

여기에 관한 문헌기록으로는 1872년에 편찬된 『김제군읍지金堤郡邑誌』를 들 수 있다. 이 책은 동진에 대해 "조수가 밀려오면 3장丈이며, 물러가면 이어진 육지"라고 하였다. 벽골제 아래의 동진강에 대해서도 "조수가 밀려오면 1장이요, 물러가면 이어진 육지"라고 하였다. 1장은 10척尺이며, 1척은 0.46m이다.[15] 벽골제 북단의 포교 언저리도 마찬가지여서 조수의 깊이가 대략 4m에 달하였다. 그밖에 김제 사람들의 회고를 참고할 수 있다. 그에 의하면 1942년 원평천 하구에 갑문閘門이 설치되기 이전 시대에는 소금배가 원평천의 밀물을 타고 18km 내륙인 신응리(19)까지 올라갔다. 두월천도 마찬가지여서 검산리(4)까지 소금배가 도달하였다.[16]

1912년 김제평야를 종단縱斷하여 호남선 철도가(15) 부설되었다. 하해혼성평탄지라는 일대의 지형 조건은 공사의 내용을 제약하였다. 이에 대해서는 다음과 같은 기록이 있다. "만경강 부근은 홍수가 나면 범람 구역이 3마일 남짓에 이르고 그에 더하여 조류潮流의 간만干滿의 영향이 본선 부근에서 약 9피트에 달하는 곳이 있어서 (중략) 만경강 교량은 본류에 대한 연장 777피트와 피일避溢 연장 1,500여 피트에 달하여 호남선 중 가장 긴 교량이 되었으며, 이외에 연장 100피트 이상을 넘은 교량이 금구천, 원평천 및 태인천 등 13곳에 달하였다."[17]

이 같은 지형 조건에서 김제평야의 쌀농사는 바닷물의 침입을 막는 제방의 축조와 더불어 시작되었다. 튼실한 제방의 축조와 정기적 보수는 이곳 수전 농업의 사활적 조건을 이루었다. 동진강 하구 해역에서 백중사리, 곧 연중 최고의 조위潮位는 평균 3.8m이다. 이에 제방의 높이는 지표가 2~3m인 16, 18, 21지점이라면 적어도 2m 이상이어야 했다. 독자 여러분은 소금배가 백중사리의 밀물을 타고 원평천의 이 지점을 통과하여 신응리로 올라가는 장면을 상상해 보시라. 배 위에서 좌우를 보면 제방 밖의 자기 발보다 낮은 곳에서 벼가 자라는 모습을 볼 수 있을 것이다.

제방의 높이가 백중사리의 조위를 능가해도 안전하지 않았다. 밀물이 심한 비바람과 겹쳐 파고가 1~2m라도 일면 바닷물이 제방을 넘는 것은 여반장이었다. 더욱 심하게는 제방을 파괴하기도 하였다. 1756년 8월의 일이다. 바닷물이 김제와 만경을 휩쓸었다. 곳곳에서 애써 구축한 제방이 허물어졌다. 당시 만경의 어느 양반은 비옥한 농지가 하루아침에 갈대밭으로 변하고 쌀 대신 물고기와 게가 운집하여 그간의 노력이 허사로 돌아갔음을 개탄하였다.[18] 이 지역에서 해일에 따른 대규모 피해는 이후에도 19세기에 걸쳐 네 차례나 발생하였다. 1848년, 1878년, 1888년, 1898년이다.[19] 신평천(2) 평야의 경우 1898년 이후에도 1901년과 1906년에 바닷물이 침입하였다. 그로 인해 1900년대에 걸쳐 수확이 전무한 해가 6개

년이나 되었다.[20]

김제평야는 원래 바다

1971년 농촌진흥청은 5만분의 1 「개략토양도概略土壤圖」를 발행하였다. 홍금수는 이 지도에서 경사 2% 미만의 해안 평탄지를 구성하는 하해혼성충적토의 분포를 단서로 만경강과 동진강 일대의 구정선舊汀線(old seashore line)을 추적하였다.[21] 그것은 서해의 해면이 현재의 수준으로 고정된 지금부터 6,000년 전 바닷물이 밀물을 따라 올라온 상한의 경계를 가리킨다. 최근에는 서강대학교의 김유철과 윤병남 팀이 한반도 전 연안의 구정선을 복구하였다. 그들은 농촌진흥청이 발행한 「개략토양도」에 더하여 1910년대의 지형도에 표기된 수준점 정보를 활용하였다. [자료5]는 김유철과 윤병남 팀이 복구한 만경강(1), 원평천(2), 동진강(3), 팔왕천(4) 유역의 구정선이다.[22]

짙은 파란색 부위는 하해혼성충적토가 분포하고 표고가 서해 만조위보다 낮은 구역이다. 방조제가 없다면 지금도 바닷물이 올라오는 범역이다. 이 부위의 내륙 쪽 경계가 지금

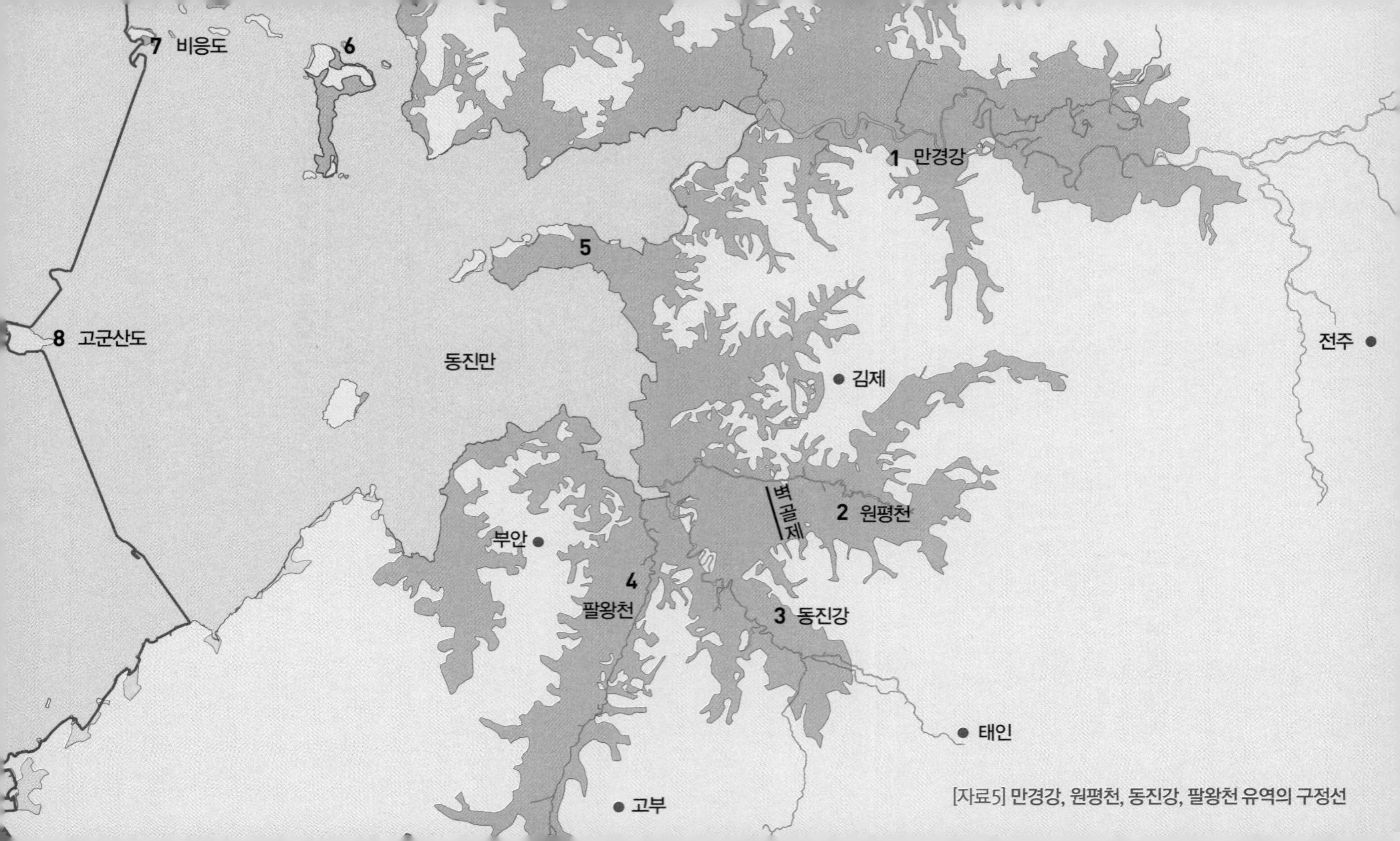

[자료5] 만경강, 원평천, 동진강, 팔왕천 유역의 구정선

부터 6,000년 전의 구정선에 해당한다. 서해에 접한 경계는 지형도가 제작된 1916년의 구정선을 말한다. 바다와 강의 6,000년에 걸친 충적 작용과 그동안 이루어진 인간들의 간척 활동이 구정선의 위치를 이같이 엄청나게 바꾸어 놓았다.

구정선이 바다 쪽으로 이동하는 역사는 1921년 이후에도 멈추지 않았다. 자세히 소개할 여유가 없지만 일정기日政期에 걸친 대규모 간척사업은 이 지역에서 한반도에서 유일하게 산이 보이지 않는다는 지평선을 그려냈다. 오늘날 진봉반도의 중앙부인 5지점에서 그러한 지평선을 구경할 수 있다.[23] 더욱 큰 지형의 변화는 군산반도에서 벌어졌다. 6지점에서 보는바, 구 군산반도의 서쪽 바다에 분포하여 갯벌로 이어진 여러 섬이 반도에 통합되어 신도시 군산시에 포섭되었다. 해방 후 대한민국이 벌인 간척사업은 더욱 엄청난 구정선의 이동을 초래하였다. 1991년부터 착공된 새만금간척사업은 군산반도를 서해 가운데의 비응도(7)까지 확장한 다음 거기서 고군산도(8)를 거쳐 부안반도에 달하는 세계 제1의 장대한 방조제를 만들어냈다. 2010년에 완공을 본 새만금방조제이다. 그것이 2021년 오늘날의 해안선이다.

[자료5]의 원평천과 동진강 유역을 [자료2]의 지형도와 겹치면 김제평야의 대부분이 가장 오래된 구정선 밖에 놓인다.

그러니까 지금부터 6,000년 전 김제평야의 대부분은 바닷물이 들락날락하는 갯벌이었다. 바닷물은 김제평야의 맨 북단인 포내리([자료2]의 5)까지 올라갔다. 동진강을 따라서는 태인역([자료2]의 25) 앞까지 바닷물이 들어왔다. 태인의 촌로들은 동진강 하구에 방조제가 건립되기 이전에 태인까지 들어온 고깃배의 모습을 기억하였다. 남으로는 팔왕천을 따라 깊숙이 고부까지 바닷물이 들어갔다.

가장 오랜 구정선 바깥의 야산 기슭이나 계간溪間에 조그만 논들이 붙어 있다. 표고가 높아 바닷물이 침범하지 못한 곳이다. 그곳이 이 지역에서 쌀농사가 출발한 곳이다. 이후 19세기 말까지 경지가 확장되어 온 과정에서 대해서는 남궁봉의 연구를 참조할 수 있다. 그는 동진강 상류역 농민들의 기억을 채집하였다. 조수가 들고 나가기를 반복하면 그 상한에 모래톱이 생긴다. 거기에다 흙과 갈대로 다발을 치면 바닷물을 막는 제방의 역할을 한다. 주민들은 이를 가리켜 '틈'이라 하였다. 그 틈으로 바닷물을 막고 안쪽을 논으로 일구는 작업을 가리켜 '보창을 친다'고 하였다. 이후 수년간의 탈염 과정을 거쳐 성숙한 논을 가리켜서 '보창배미'라 하였다.[24] [자료2]에서 보는 김제평야는 거의 대부분 인간들이 일대의 야산 자락에 집거하기 시작한 이래 끈질기게 벌여온 보창배미의 집적으로 형성되었다.

하천을 막다니

다시 정조가 품은 벽골제 환상으로 돌아가 보자. 1481년 성종 12년 전국의 8도 330여 군현의 역사, 지리, 고적, 인물을 정리한 『동국여지승람』이란 지리서가 편찬되었다. 정조가 참고한 자료 가운데 이 책이 가장 중요했다고 보인다. 벽골제에 관한 조선 시대 기록 대부분이 이 지리서에 입각하고 있기 때문이다. 이 책의 벽골제 해설에서 주요 대목을 인용하면 다음과 같다.[25]

> A. (벽골제는) 군의 남쪽 15리에 있다. 수원은 셋인데, 하나는 금구현 모악산母岳山의 남쪽에서 나오고, 하나는 모악산의 북쪽에서 나오고, 하나는 태인현 상두산象頭山에서 나온다. (이 물들이) 벽골제로 모여서 고부군 눌제의 물과 더불어 동진으로 합류하여 만경현 남쪽을 거쳐 바다로 들어간다.

> B. (벽골제) 중수비重修碑에서 이르기를 (중략) 제방의 길이는

> 60,843척이고, 제방 안의 둘레는 77,406보이다. 다섯 개의 도랑을 열어 논에 물을 대는데 무릇 9,840결 95복이며, 옛 문헌에 적혀 있는 바이다. 첫째 도랑을 수여거水餘渠라고 하는데, 한 줄기 물이 만경현의 남쪽에 이르고, 둘째 고랑을 장생거長生渠라고 하는데, 두 줄기 물이 만경현 서쪽 윤부潤富의 중심에 이르고, 셋째 도랑을 중심거中心渠라고 하는데, 한 줄기의 물이 고부 북쪽 부령扶寧의 동쪽에 이르고, 넷째 도랑을 경장거經藏渠, 다섯째 도랑을 유통거流通渠라 하는데, 둘 다 한줄기 물을 이루어 인의현仁義縣의 서쪽으로 흘러 들어간다.

A에 의하면 벽골제의 수원은 세 곳이다. 첫 번째는 모악산 남쪽에서 나오는 물로, [자료2]의 원평천(12)이다. 두 번째는 모악산 북쪽에서 나오는 물로, [자료2]의 두월천(14)이다. 세 번째는 상두산 남쪽에서 나오는 물인데, [자료2]의 태인천(23)이다. 『동국여지승람』은 이 세 하천의 물이 벽골제로 모인다고 하였다. 그런데 [자료2]에서 보다시피 벽골제 남단과 태인천은 상당히 떨어져 있으며, 그 사이에는 여러 마을과 야산이 놓였다. 태인천의 물과 벽골제와는 무관하였다. 벽골제 수원에 관한 『동국여지승람』의 설명은 정확하지 않다. 벽골

[자료6] **원평천의 오늘날 모습, 2020년 12월**

제와 태인천의 관계에 대해서는 『세종실록』 지리지의 설명이 더 정확하다. 동 지리지는 동진으로 흐르는 물에 대해 설명하면서 태인의 물과 벽골의 물을 구분하였다.[26] 어쨌든 벽골제는 모악산에서 여러 갈래로 흘러내려 원평천으로 모인 하천을 막았으며, 그 결과 제방 안쪽에 큰 호수가 생긴 것으로 설명되었다.

나는 이 같은 『동국여지승람』의 설명을 믿지 않는다. 그 이유는 간단하다. 벽골제 안팎의 원평천은 그 수폭이 50m 이상이다. [자료6]은 벽골제에서 상류 1km 지점 원평천의 오늘날 모습이다. 여기서 보듯이 원평천은 저수지로 흘러드는 개울물이 아니다. 태풍이 올라와 모악산 일대에 폭우라도 쏟으면 수폭이 50m도 넘는 급류가 형성되는 하천이다. 더구나 앞서 설명한 대로 동진만에서 밀물이 들어오면 조위가 3~4m에 달하는 감조하천이다. 그런 하천을 농업용수로 이용하기 위해 방조防潮의 기능과 동시에 저수貯水의 기능을 갖춘 제방을 축조하는 것은 전통 시대의 토목 기술로는 불가능하다.

그 시대에 하천을 농업용수로 이용하기 위해서는 하천의 상류에 간이 수문과 수로를 만들어 하천과 같은 방향으로 물을 흘러내릴 필요가 있었다. 이를 가리켜 보洑라 하였다. 보를 설치하기 위해선 돌을 담은 섬으로 하천의 상류를 막아 수위를 조금 높였다. 이를 보막이라 하였다. 그러다가 센 비가 오면 보막이가 떠내려가곤 하였다. 일정기에 이르러 보막이의 재질이 콘크리트로 개량되거나 하천의 상류를 소규모 댐으로 막기도 했지만 그리 일반적이지는 않았다.

한국 토목공사와 수리 시설의 역사에서 하천을 댐으로 막는 일은 1960년대가 되어서였다. 서해 연안이 그 실험 무대였다. 그때까지 서해로 유입하는 하천 유역을 위한 용수원의 개발은 기술적으로 거의 불가능한 일로 여겨졌다. 서해의 높은 조류와 하천이 만나는 지역에서 홍수의 피해는 천형天刑과도 같은 것이었다. 그러한 선입견을 깨는 공사가 1973~1981년 전남 영산강 유역에서 최초로 시작되었다. 이 공사는 우선 영산강 상류역에 홍수를 통제하는 담양댐, 장성댐, 광주댐을 건설한 다음, 하류역에 대규모 하구언河口堰을 건설하는 것으로 마무리되었다. 이보다 규모가 작지만 서해의 조수를 막고 내륙의 하천수를 담수호로 저장하는 혁신적 아이디어는 1973년 아산호, 1979년 삽교호, 1984년 대호, 1990년 금강호의 준공으로 차곡차곡 실현되었다.[27]

『동국여지승람』은 오래전의 한국사에서 규모가 작긴 하지만 동일 개념의 공사가 이곳 원평천에서 시작된 것처럼 설명하였다. 독자 여러분은 내가 『동국여지승람』의 벽골제 해설을 믿지 않는 이유를 이제 납득하실 터이다. 내가 아는 한 조선 시대에 물을 가둔 제언으로 조수를 막는 방조 기능까지 갖춘 예는 하나도 없다. 물을 담기 위해 하천을 직접 막은 예도 하나도 없다. 여름철 폭우에 형성되는 하천의 급류를 견딜 만한 제언의 축조는 조선 시대의 토목 기술로는 불가능하였다. 대부분의 제언은 주변 야산에서 졸졸 흘러내리는 개울물을 담음이 보통이었다. 조금 높은 산의 계수溪水를 수원으로 할 경우에도 급류에 대비하기 위해 보를 설치하여 계수를 소규모 개울물로 인도함이 보통이었다. 전통 시대의 저수지에 대해서는 뒤에 다시 언급하겠다.

소양호보다 13배나 큰 호수

앞의 인용문 B는 제언의 규모, 수문, 수로의 진행 방향에 관한 해설이다. 벽골제중수비문碧骨堤重修碑文을 그 근거로 밝히고 있다. 누가 언제 지었는지 알 수 없는 비문이다.[28] 어쨌든 그에 의하면 벽골제 제방의 길이는 60,843척尺이고, 제언의 둘레는 77,406보步이다. 1보는 6척이다. 척에는 주척周尺, 영조척營造尺, 포백척布帛尺이 있다. 세 척의 길이는 각각 20.45cm, 30.65cm, 46.66cm이다.[29] 이 가운데 중수비문이 말하는 척이 어느 것인지는 정확히 알 수 없다. 일반적으로 제언의 측량과 관련해서는 포백척을 사용하였다. 그러면 제방의 길이와 제언의 둘레를 합한 벽골제의 총 둘레는 525,279포백척으로 245km이다. 이만한 둘레를 원형으로 간주하면 지름이 78km이다. 그 초대형 호수의 만수 면적을 계산하면 무려 4,776㎢이다. 중수비의 척을 가장 짧은 주척으로 간주하면 벽골제의 둘레는 107km, 지름은 34km, 만수 면적은 907㎢이다. 그래도 오늘날의 가장 큰 소양호보다 만수 면적이 13배나 되는 초대형이다.

벽골제를 기점으로 지름 34km 또는 78km의 원주를 그리면 앞서 [자료1]에서 열거한 김제를 둘러싼 11개 군현을 포

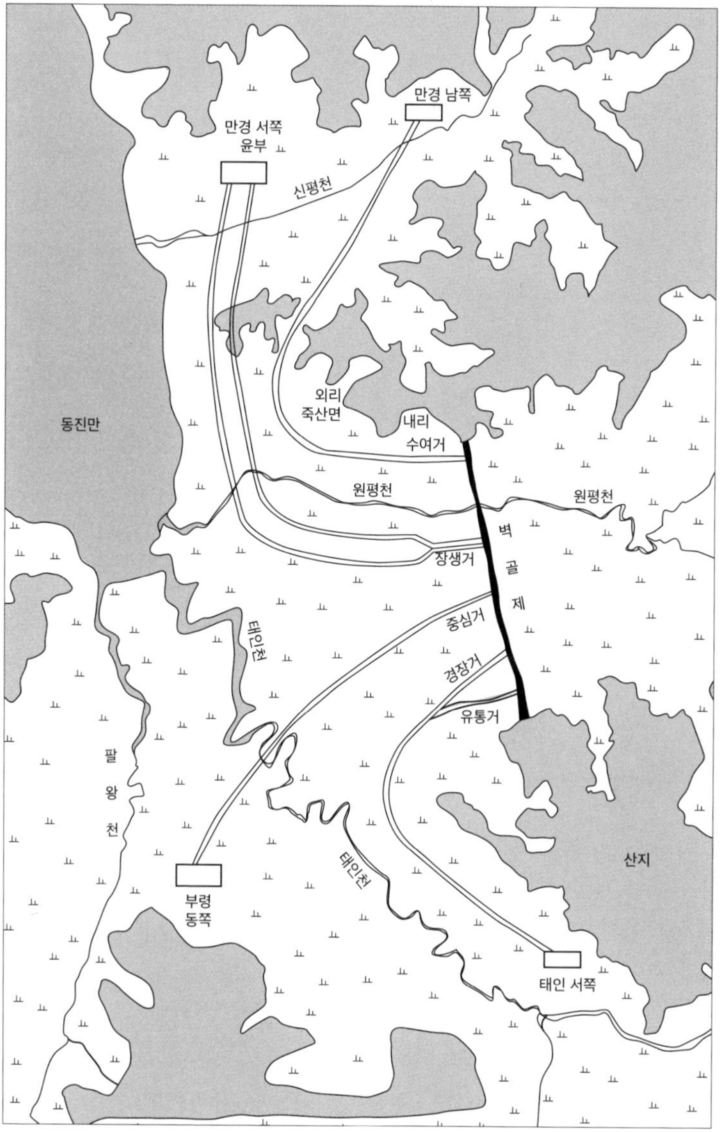

[자료7] 벽골제중수비에 제시된 벽골제의 관개 수로와 범위

괄한다. 정조가 벽골제의 동서남북이 12개 군에 미친다고 한 것은 이에 근거해서였다. 정조는 『동국여지승람』의 서술을 믿어 의심치 않았다. 그렇다고 오늘날의 우리조차 그래서는 곤란하다. 아직도 그런 사람이 많은데, 유감스러운 일이다. 앞서 [자료2]로 소개했듯이 이미 1910년대의 조선총독부는 5만분의 1 지형도를 제작하였다. 그에 더하여 오늘날에는 인공위성에서 찍은 지형도를 직접 살펴볼 수 있다. 이런 자료들을 통해 우리는 벽골제를 기점으로 그렇게 큰 호수가 조성될 수 없음을 쉽게 알 수 있다. 바다로 향한 원평천과 동진강 하구를 제외한 김제평야의 사방이 산지이기 때문이다.

공중을 나는 물

[자료7]은 앞의 인용문 B, 곧 『동국여지승람』이 설명하는 벽골제 수문의 위치, 수로의 진행, 관개의 범위이다. [자료2] 지형도에 B의 설명을 기초하여 수문의 위치와 수로의 진행을 추정해서 그려 넣은 그림이다. 가장 북쪽 수문은 수여거水餘渠이다. 거기서 나온 수로는 북서로 진행하여 김제군 죽산면 일대의 구릉을 넘어 신평천을 건너 만경현의 남쪽에 닿는다. 수

여거의 표고는 3m 전후로 추정된다. 수여거의 출발점에서 멀지 않은 죽산면 내리의 표고는 6.8m, 서북으로 더 간 외리의 표고는 18m이다. 이렇게 수여거의 물은 서북으로 점점 높아지는 구릉을 넘은 다음, 신평천이란 또 다른 하천을 건너 목적지인 만경현 서쪽에 도착한다.

다음의 수문은 장생거長生渠이다. 여기서 나온 수로는 곧바로 두 갈래로 갈라져 평행으로 진행하는데 동진만 가까운 지점에서 원평천을 건넌다. 연후에 한 줄기는 야산을 넘는데, 야산의 이름은 명량산鳴良山이고 고도는 51m이다. 이어서는 신평천을 건너 만경 서쪽의 윤부란 목적지에 도착한다. 윤부는 오늘날 김제군의 성덕면이다. 다음 수문은 중심거中心渠이다. 이름으로 짐작하건대 다섯 수문 가운데 가장 크고 중요한 수문이었다. 거기서 나온 수로는 서남으로 진행하여 벽골제 아래의 평야를 관개한 다음, 태인천을 건너 부령의 동쪽에 이른다. 부령은 오늘날의 부안읍이다. 맨 남쪽의 두 수문은 경장거經藏渠와 유통거流通渠이다. 두 수로는 곧이어 하나로 합쳐진 다음 태인천의 진행과 반대 방향으로, 곧 태인천의 상류 지역으로 올라가 인의현 동쪽에 도달한다. 인의현은 오늘날의 태인면이다.

이처럼 벽골제의 물은 구릉과 야산을 넘거나 천을 건너거나 상류로 거슬러 올라갔다. 날지 않고서는 있을 수 없는 현상이다. 다시 말해 벽골제에 방류된 다섯 수로의 물은 날아다녔다. 오늘날에는 물이 산을 넘을 수 있다. 산 밑으로 인공 수로를 뚫으면 된다. 오늘날에는 물이 높은 곳으로 올라갈 수 있다. 한강이나 낙동강 하류의 대규모 양수장을 방문하면, 강력한 모터를 장착한 양수기가 강물을 뽑아 올려 높은 곳으로 밀어 올리는 장관을 구경할 수 있다. 오늘날 동진강 유역의 수리 시설 가운데도 그러한 양수기가 곳곳에 설치되어 있다. 그러한 근대적 수리 공학은 조선 시대에는 상상도 할 수 없었다. 더구나 특정 줄기의 물이 다른 하천과 교차한 다음 저쪽 너머로 건너는 일은 오늘날에도 불가능한 요술이다.

요컨대 벽골제중수비문은 벽골제의 물을 산과 하천을 넘거나 상류로 올라가는 공중을 나는 물로 그렸다. 누가 그 글을 기록했는지는 전하지 않는다. 그 무명씨無名氏는 12세기 이래 성숙해 온 환상을 계승하여 벽골제를 지름이 34km 또는 78km나 되는 초대형 호수로 그렸다. 그 위에 그는 벽골제의 다섯 수문을 통해 방류된 물이 공중을 날아다니는 또 하나의 환상을 연출하였다. 17세기의 조선왕조가 호서청과 호남청의 설치를 통해 충청도와 전라도를 호수의 고장으로 공식화한 것도, 유형원이 처음으로 호서와 호남의 지역 별칭은 벽골제 때문이라고 설명한 것도, 정조가 전라도 북단의 12개 군현에 걸쳤던 거대한 호수를 원상회복하고자 꿈꾸었던 것도 그렇게 깊어져 온 환상의 호수에 기초하였다.

전통 시대의 저수지

2007년 나는 김제시 부량면의 벽골제 유적을 찾았다. [자료8]은 김제시가 관광객을 위해 세워 놓은 벽골제 모형도이다. 그에 의하면 제방의 길이는 3.3km, 높이는 5.7m이다. 호수의 동쪽 끝은 김제시 황산면 용마리와 정읍시 감곡면 오주리로 표시되어 있다. 이곳은 [자료2]의 6과 24지점에 해당한다. 모형도 상의 벽골제는 『동국여지승람』에서와 같이 지름이 34km 또는 78km가 안 된다. 용마리와 오주리는 모형도를 그린 사람이 벽골제의 상한으로서 임의로 정한 것에 불과하다. 그래도 벽골제에서 용마리까지는 14km, 오주리까지는 6km나 된다. 넓은 김제평야를 온통 다 덮는 넓이이다. 나는 얇은 쟁반 위에 물을 담아 놓은 듯한 호수를 보면서 "이렇게 생긴 저수지는 있을 수 없는데"라고 의아하였다.

나는 1469년 편찬된 『경상도속찬지리지慶尙道續撰地理志』

[자료8] **김제시 부량면 벽골제 유적에 게시된 벽골제 모형도**

에 수록된 경남 울산 지방의 제언 20여 곳을 일일이 답사한 적이 있다. 일정기의 수리조합을 연구할 때는 충청도 일원의 저수지를 여러 곳 방문하였다. 그래서 전통 시대의 저수지가 어떤 형태인지, 어떤 지형 조건에 놓이는지를 어느 정도 아는 편이다. 제언의 규모는 대개 둘레가 몇백 미터에 불과한 소규모였다. 대부분의 제언은 경사 10~20도의 완만한 구릉에서 흘러내리는 자연수를 담았다. 조금 높은 지대에 위치하여 산간의 계수를 수원으로 하는 저수지는 대개 보를 설치하여 급

〈표1〉 18세기 중엽 충청도, 전라도, 경상도 제언의 둘레와 지름의 분포

둘레(m)	충청도	전라도	경상도	합	평균지름(m)
4,000~	1	5	2	8	1,887
2,000~4,000	2	14	13	29	806
1,000~2,000	19	107	55	181	416
500~1,000	127	355	231	713	217
250~500	289	259	424	972	117
0~250	81	83	398	562	55
불명	20	36	34	90	
합	539	859	1,157	2,555	162

출처: 『輿地圖書』 忠淸道·全羅道·慶尙道.

류에 따른 충격을 방지하였다. 그에 비해 모형도가 제시한 벽골제는 전통 시대의 저수지라 할 수 없는 괴이한 모습을 하고 있었다.

1757년 영조英祖 33년에 전국 각 군현의 읍지邑誌를 통일적 양식으로 편집한 『여지도서輿地圖書』라는 지리서가 출간되었다. 거기에 각 군현의 제언, 곧 저수지에 관한 정보가 담겨 있다. 저수지의 이름과 위치, 제방 길이, 사방 둘레, 수심 등등이다. 군현에 따라서는 제방에 설치된 수통水桶의 수도 제시되었다. 제방 길이와 사방 둘레의 측량 단위는 척尺이다. 그것이 포백척布帛尺임은 아예 그렇게 표기한 군현이 있어서 판

정하기 어렵지 않다. 『여지도서』에 등록된 충청도, 전라도, 경상도의 제언은 총 2,555개이다. 〈표1〉은 제방 길이와 사방 둘레를 합한 제언의 총 둘레를 미터(m)로 환산하여 그 분포를 제시한 것이다.

둘레가 4km 이상인 대규모 저수지는 3개 도에서 8개이다. 가장 큰 저수지는 김제에 인접한 만경의 대제大堤로서 둘레가 8.4km이다. 둘레 4km 이상의 8개 저수지 가운데 5개가 김제에 인접한 군현에 있다. 만경의 대제가 첫째고, 익산의 장연제長淵堤(6.4km)가 둘째이고, 옥구의 미제米堤(5.6km), 부안의 정지제定只堤(4.9km)와 괴제塊堤(4.4km)가 그다음을 잇고 있다. 김제에도 대제大堤가 있는데 둘레가 3.9km이며, 3개 도에서 순위 9위이다. [자료2]의 8지점, 곧 김제읍의 서남 야산에 붙은 저수지로 오늘날에는 백산저수지로 불린다. 이처럼 만경강과 동진강 유역에 둘레가 긴 제언이 밀집한 것은 연안부의 평탄지라는 지형 조건 때문이다. 경사가 완만한 산지의 자락을 막으면 경사가 급한 곳보다 훨씬 긴 둘레의 저수지가 조성된다. 그 대신 수심은 얕을 수밖에 없다. 만경 대제의 수심은 고작 1.6m에 지나지 않았다.

그다음, 둘레 2~4km와 1~2km의 저수지는 총 210개이다. 가장 일반적인 둘레는 250~500m이다. 거기에 속하는 저수지가 972개이다. 250m 이하의 소규모도 562개나 된다. 사방 둘레를 원형으로 간주하여 지름을 구한 다음 구간별 평균을 구한 것이 표의 마지막 열이다. 둘레 4km 이상인 대규모 저수지의 지름은 평균 1,887m이다. 가장 일반적 둘레인 250~500m의 지름은 평균 117m이다. 총 2,555개 저수지의 평균 지름은 162m이다.

이제 다시 모형도 상의 벽골제를 살펴보면 동쪽 끝 용마리까지가 14km이다. 이로부터 추산되는 사방 둘레는 대략 40~50km에 달한다. 〈표1〉에 제시된 3개 도 총 2,555개 저수지의 둘레 분포에서는 아무래도 상정하기 어려운 이상치異常値이다. 김제읍 옆에 있는 전국 순위 9위의 대제와 비교하면 더욱 그렇다. 이처럼 오늘날의 김제시는 전통 시대의 저수지라고는 도저히 봐 줄 수 없는 기괴한 모습의 대형 호수를 그려놓고 관광객을 유치하거나 축제를 벌이고 있다.

장생거는 수통이 아니다

[자료9]는 벽골제 다섯 수문의 하나인 장생거의 유적이다. 지난 1975년 벽골제 발굴 조사가 있었다. 유적은 옛 모습 그대

[자료9] **장생거 유적**

로가 아니고 발굴 조사 후 새롭게 복원된 것이다. 두 개의 돌 기둥에는 마주 보는 안쪽으로 홈이 파여 있다. 거기에 나무판자를 끼워 올리고 내리고 하면서 물의 출입을 통제하는 시설이다. 그런데 장생거는 벽골제 제방의 안쪽이 아니라 바다로 향하는 바깥쪽에 놓여 있다. 그 점 역시 나로서는 납득하기 힘든 현상이었다. 전통 시대의 저수지에서 물을 막고 내보내는 유출구流出口는 제방 안쪽에 설치되었다. 유출구에는 물의 직류에 따른 충격을 막고 또 수위를 조절하는 시설로서 수통水桶이 설치되었다. 1778년 정조 2년 중앙정부는 제언을 만

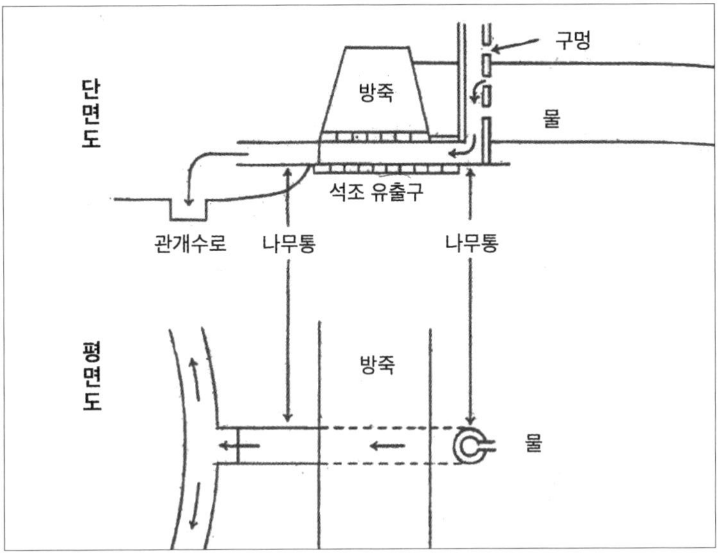

[자료10] 제언의 개념도

들고 관리하는 법을 만들어 8도에 공포하였다. 그때 지시하기를 "제방 안에 반드시 수통을 설비하여 열고 닫아라"라고 하였다.[30] 황해도 수안군 연암면에 있는 둘레 2,862척의 제언에는 모두 16개의 수통이 설치되었다.[31]

수통의 설치는 그 유래가 오래다. 1396년 태조 4년 조선왕조는 제언의 보급을 위해 제언의 모형을 각 군현에 하달하였다. [자료10]은 이에 근거하여 간노 슈이치菅野修一가 그린 제언의 개념도이다.[32] 제언의 유출구에는 나무로 만든 원형의 수통이 삽입되었다. 제언의 물은 수통의 구멍을 통해 석조 유출구로 흘러들어갔다. 제언에 물을 담을 때는 수통의 구멍을 마개로 막았으며, 관개를 위해 물을 뺄 때는 구멍의 마개를 뽑았다.

경북 영천군에 청천제菁川堤라는 저수지가 있다. 536년 신라 법흥왕法興王이 7천여 명의 인부를 동원하여 쌓은 유서 깊은 저수지이다.[33] 『여지도서』가 전하는 청천제의 둘레는 2.7km이며, 깊이는 7.5m나 되었다. 봄에 논에 물을 댈 때면 마을의 건장한 젊은이가 수통의 마개를 뽑기 위해 깊은 물 속으로 들어갔다. 젊은이가 오랫동안 모습을 보이지 않으면 마을 사람들은 걱정스러운 마음으로 수면을 응시하였다. 이윽고 얼굴이 새파래진 젊은이가 마개를 뽑아 들고 '푸' 하면서 물 위로 솟아오르곤 하였다. 경제사학계의 원로인 영남대학교 권병탁 교수가 전하는 말이다.

내가 김제 현지에서 관찰한 장생거 유적은 이 같은 전통 시대의 수통과는 무관한 시설이다. 다른 무엇보다 유적의 위치가 제방 밖인 점을 도무지 납득할 수 없었다. 그래서는 물을 담거나 내보내는 유출구가 될 수 없다. 두 돌기둥 사이에 판자를 끼워 물을 담거나 수위를 조절하겠다는 발상도 엉성하기 짝이 없다. 벽골제의 정체에 대한 나의 추적은 이 같은 의문에서 출발하였다.

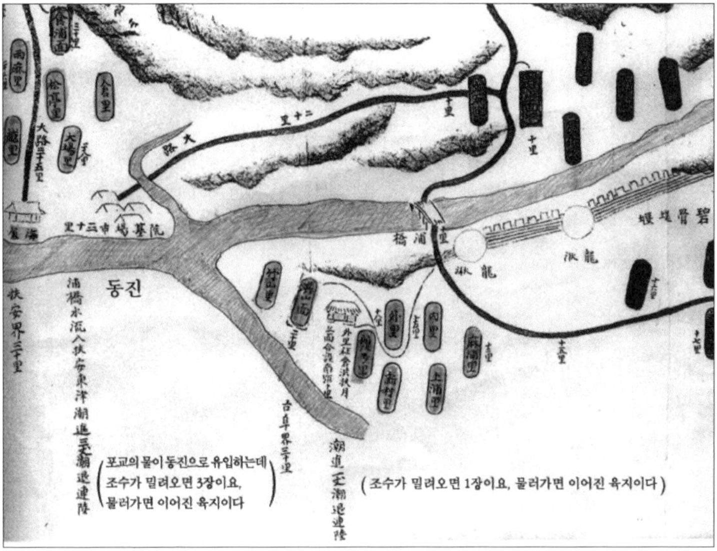

[자료11] 『김제군읍지』에서의 벽골제

깨어난 방조제

서울로 돌아온 내가 의문을 푸는 것은 1872년의 『김제군읍지』를 통해서였다. [자료11]은 동 읍지에 실린 벽골제 주변의 지도이다. 동에서 서로 흐르는 천은 원평천이다. 동남에서 서북으로 흐르는 천은 태인천, 곧 동진강이다. 원평천을 따라서는 성벽 모양의 벽골제가 그려져 있다.[34] 두 천이 만나는 곳이 동진이다.

앞서 잠시 언급한 적이 있는데, 동 지도는 동진에 대해 주석을 달기를 "포교의 물이 부안의 동진으로 유입하는데, 조수가 밀려오면 3장이요, 물러가면 이어진 육지"라고 하였다. 태인천에 대해서도 "조수가 밀려오면 1장이요, 물러가면 이어진 육지"라고 하였다. 이것을 보고 나는 문득 깨달았다. "아하, 벽골제는 바닷물을 막는 방조제였구나." 장생거 유적이 벽골제의 바깥에 놓여 있는 것도 원래 방조제의 갑문이었기 때문이다. 두 돌기둥 사이에 판자를 끼워서 오르고 내리고 한 것은 저수지의 유출구라면 엉성하기 짝이 없지만 방조제의 갑문이라면 그런대로 합리적인 설비였다.

대강 이 정도를 확인한 다음 나는 벽골제는 원래 저수지가 아니라 방조제라는 견해를 밝혔다.35 나중에 알고 보니 이미 몇 명의 연구자가 그 같은 주장을 해 놓았다. 1993년 일본의 고고학자 모리 고이치森浩一가 벽골제를 방문하였다. 그는 벽골제가 저수지라면 제방 안쪽에 분포한 논농사에 적합한 충적평야가 사라지는 모순이 생기고, 제방 하류의 관개에 적합한 농지 구역을 상정하기 어려우며, 석조 수문의 형태가 조수의 침입을 막는 시설로 보인다는 이유에서 원래 방조제였을 것이라는 견해를 제시하였다.[36] 2003년 고야마 타고이치小山田宏一라는 고고학자도 같은 견해를 밝혔다.[37]

이들의 주장에 자극을 받아 2003년 농업기반공사農業基盤公社

의 박상현 등 5명의 연구원이 벽골제 주변의 지형, 토양, 조석潮汐의 상태를 분석하였다. 박상현 등은 원평천의 바닥이 해면보다 낮은 감조하천이라는 점, 만조 시의 수위와 농지의 표고가 0.3~1m밖에 차이가 나지 않은 점, 제방 안쪽 평야의 지표에서 1m 지층은 하천의 퇴적 작용에 의해 생긴 농경에 적합한 사질沙質의 점토인 반면 그 아래 층위는 전형적인 미성숙 상태의 개흙으로 판명되는 점 등을 제시한 다음, 벽골제가 원래 방조제로 축조되었을 가능성에 동조하였다.[38]

이어 2008년에는 토목공학자 김환기가 방조제설에 동조하고 나섰다. 그는 1975년 이루어진 벽골제의 발굴 보고서를 분석하였다. 보고서에 의하면 제방의 폭은 상단이 10m, 하단이 21m이다. 김환기는 그 정도의 규모로는 물이 새는 것을 방지하기 위한 점토심粘土芯의 시공이 불가능하여 물을 담는 구실을 할 수 없다고 하였다.

보고서 가운데 압성토壓盛土에 관한 기록이 없는 것도 문제인데, 그래서는 부등침하不等沈下가 발생하여 제방이 유실된다고 하였다. 또한 제방에 설치된 수문이 다섯 개라 하는데, 그 정도의 방수 능력으로는 홍수 범람을 통제할 수 없다고 하였다. 이외에 김환기는 세계적으로 보아도 길이 3km와 높이 5.7m의 길고 낮은 제방의 저수지 예를 찾을 수 없다고 하면

서 벽골제 저수지설을 일축하였다.[39]

2010년 지리학자 곽종철은 앞서 소개한 구정선에 관한 연구 등을 토대로 지금부터 6,000년 이후 꽤 후대까지도 벽골제 안의 내륙이 바닷물의 영향을 받는 갯벌이었음은 부정할 수 없는 사실이라며 벽골제를 고대의 여러 수리시설 유형 가운데 방조제로 분류하였다.[40] 이상과 같이 벽골제가 원래 방조제였음은 고고학, 해안수리학, 토목공학, 지리학의 전문적 식견에서 더없이 명백한 사실이다. 아직도 그에 수긍하지 않는 사람들이 있지만, 솔직히 말해 학술적으로 논란을 계속할 여지는 없다고 생각한다.

요컨대 김제의 벽골제는 하해혼성평탄지라는 일대의 지형 조건에 구애되어 원래 방조제로 구축된 시설이다. 그럼에도 중고中古 이래 저수지로 잘못 알려진 가운데 호남과 호서라는 지역 별칭을 지어낼 만큼의 초대형 호수로 둔갑하였다. 그 벽골제가 기원후 2000년을 전후해서야 긴 잠에서 깨어났다. 천년의 꿈이었다. 방조제로 깨어난 벽골제는 오늘날의 한국인들에게 무엇을 말하고 있는가.

3

벽골제의 역사

마한 시대

벽골제에 관한 최초의 기록은 『삼국사기三國史記』이다. 그에 의하면 신라 흘해왕訖解王 21년에 "벽골지碧骨池를 처음 열었는데, 안岸의 길이가 1,800보步이다"라고 하였다.[1] 흘해왕 21년이면 330년이다. 이때는 김제가 아직 신라의 영토가 아니었으므로 신라 흘해왕 운운은 사실이 아니다. 다만 330년경 벽골제가 처음 축조된 것은 사실이다. 1975년 김제시는 장생거 부위의 벽골제를 굴착하여 제방의 지층, 토양, 시설을 조사하였다. 그때 제방 아래의 지층에서 탄화된 갈대 등의 식물이 채취되었다. 세 차례에 걸친 방사성 탄소의 측정 결과,

그 연대가 모두 4세기로 확인되었기 때문이다.[2] 330년이라면 백제의 비류왕比流王 27년이다. 그렇다고 백제가 벽골제를 쌓았다고 하기도 확실하지 않다. 4세기라면 김제가 백제의 강역으로 안정적으로 편입되었다고 보기에는 이른 시기이다. 중국과 일본의 역사서를 참고하면 마한馬韓 시대 김제에는 벽비리辟卑離 또는 벽중辟中이라 불린 정치체가 있었다.[3] 그것을 국國 또는 읍邑이라 하였다. 그 실체는 국가 성립 이전의 족장사회族長社會(chiefdom)로 비정된다.[4] 한강 중류에서 번창한 백제의 후국侯國으로서 그에 공납을 하면서 상당한 자치를 누린 재지 정치세력이었다. 나는 '벽'이라는 공통의 음으로부터 330년경 벽골제를 처음 쌓은 것은 벽비리 또는 벽중이란 나라가 아니었을까 짐작한다. 이후 언젠가 벽비리국은 백제의 벽골군碧骨郡으로 편입되었다. 벽골제라는 명칭은 아마도 그 후에 생겼을 터이다.

벽비리국이 벽골제를 쌓은 이유와 관련해서는 4세기 당시 한반도의 생태환경부터 이해할 필요가 있다. 당시 한반도의 인구는 대략 150만에 달하였다. 취락의 평균적 규모는 50호에 인구 300명 정도였다. 이에 취락의 총수는 대략 5천이었다. 그것들이 바다와 강의 물길을 따라 분포한 것이 4세기 한반도의 주거 공간이었다. 물길이 닿지 않은 내륙에서 인간의 모습을 구경하기는 힘들었다. 산지의 수풀은 울창했으며, 그 속에는 호랑이, 곰, 멧돼지, 노루 등 야생동물이 득실거렸다. 인간들의 생산 활동은 곡작의 농업만이 아니었다. 아직 수렵, 채취, 어로가 상당한 비중을 지녔으며, 농업이 가장 중요한 산업이라고 단정하기 힘든 시대였다. 노동 도구는 여전히 석기와 목기가 기본을 이루는 가운데 철기의 보급은 제한적이었다. 특히 이곳 마한 지역에서 그러하였다. 이 같은 생태환경의 원초적 복합성은 지역 간의 빈번한 교역을 성립시켰다.[5]

1999년 서해안고속도로를 건설하는 과정에서 김제군 성덕면 대목리 일대에서 8기의 반지하식 움집 유적이 발굴되었다. [자료2]에서 신평천 유역인 1지점이다. 그중 6기가 165~475년의 것으로 밝혀졌다. 여기서 2기는 310년과 365년으로 벽골제를 처음 쌓은 시점과 아주 가깝다. 움집의 유적에서 수습된 유물은 102점인데, 토기가 94점이고 나머지는 어망추, 돌화살, 마제석기 등이다.[6] 2007년 김승옥은 그때까지 발굴된 123곳의 집자리 유적을 통해 삼한과 삼국 시대의 금강·만경강·동진강 유역에서 형성된 취락의 분포를 추적하였다. 그에 의하면 5세기 중엽까지도 그 지역의 인간들은 주로 전주, 군산반도, 부안, 정읍 등지에 분포하였다. 김제에서 발굴된 집자리는 대목리의 그것을 포함하여 고작 3곳에 불과하다.[7] 이 같은 고고학적 성과는 4세기 김제 일원의 주요 산업이 여전히 어로, 채취, 수렵이었음을 시사하고 있다. 농사라고는 산지의 자락과 계간에 붙은 소규모 농지에 한하였다. 이따금 장삿배가 원평천이나 신평천의 밀물을 타고 들어와 토기 등의 필수품을 공급하고 물고기 등의 토산물을 반출해 갔다.

어느 날 벽비리의 족장이 부하들과 함께 벽지산辟支山에 올랐다.[8] 김제평야는 아직 갯벌이었다. 오랜 세월에 걸친 바다와 하천의 충적 작용으로 갯벌은 상당한 정도 육지로 바뀌어 있었다. 조금 지대가 높은 곳에는 갈대가 무성한 숲을 이루었다. 족장이 말하였다. "저기 밀물이 올라오는 호리병과 같은 좁은 곳을 막으면 그 안쪽을 비옥한 논으로 가꿀 수 있을 거야" "우리 벽비리도 주변의 다른 읍락처럼 농사를 짓는 부강한 나라가 되면 좋겠어." 족장의 제안에 부하들은 좋은 생각이라고 맞장구쳤다. 드디어 읍락의 장정들을 동원하여 방조제를 쌓기 시작했으니 그것이 곧 벽골제였다. 주변의 지형 조건과 4세기의 생태환경에 맞추어 그럴듯하게 꾸며 본 나의 추리소설이다. 그 벽비리 족장의 모험적인 투자 덕분에 이후 1,600년의 세월에 걸쳐 한반도 유수의 수전 평야가 제방 안팎에 조성되었다.

삼국·고려 시대

790년 신라의 홍덕왕興德王은 전주 등 7개 고을의 장정을 동원하여 벽골제를 증축하였다. 851년 신라는 청해진淸海鎭을 혁파하고 그곳 사람들을 벽골군으로 옮겼다.[9] 청해진이라면 9세기 신라의 번성한 해상무역 기지이다. 그곳을 파하고 사람들을 옮겼으니 더는 무역에 종사하지 말고 농사나 지으며 살라는 뜻이었다. 그들이 벽골군에서 정착한 곳도 벽골제 밖 바닷가라기보다 벽골제 안의 평야였을 것이다. 기록의 맥락으로 보아 벽골제를 저수지로 간주하는 환상은 아직 생기지 않았다.

이후 고려왕조는 벽골제를 두 차례 수리하거나 증축하였다. 증축한 해는 1143년 인종仁宗 21년이다. 3년 후, 인종이 무당의 말을 듣고 내시 봉열을 보내 벽골지의 제방을 무너뜨렸다.[10] 바로 그 전 해에 『삼국사기』가 편찬되었는데, 앞서 소개한 대로 벽골지의 제방 길이가 1,800보라고 하였다. 이처럼 두 기록이 '벽골지'라 했으니 12세기의 고려인들은 벽골제를 저수지로 알고 있었다. 언제부턴가 환상은 성립해 있었다. 짐작건대 그 환상에 입각하여 1143년 벽골제를 저수지로 복구하는 공사가 시작되었다. 이 공사는 제방 안의 농지가 물에 잠기는 등 폐단이 심각하였다. 『고려사』는 인종이 무당의 말을 듣고 벽골제를 허물었다고 했지만 실은 엉터리 공사에 따른 문제점을 그렇게 호도하였을 뿐이다. 뒤이어 소개하듯이 이 같은 일은 300년 뒤에도 같은 양상으로 되풀이되었다.

1281년 승 일연一然이 『삼국유사三國遺事』를 편찬하였다. 이 역사책은 초두에 왕력王曆이라 하여 일종의 역사 달력을 첨부하였다. 신라, 고구려, 백제, 가락 4개국 역대 왕의 주요 치적을 한 장의 표로 작성한 것이다. 거기에 벽골제의 시축始築이 신라 흘해왕의 대표 치적으로 기입되었다. 그만큼 일연이 볼 때 벽골제의 축조는 그 역사적 의의가 각별한 사건이었다. 해당 기술은 다음과 같다. "(흘해왕) 기축己丑에 처음 쌓았는데 둘레가 □만 7,026보에 길이가 □166보다."[11] 여기서 벽골제의 둘레가 처음 언급되었다. 둘레가 있으니 의심할 여지 없이 저수지이다. 앞서 소개했듯이 15세기의 『동국여지승람』은 벽골제의 둘레를 77,406보라고 하였다. 그 근거가 『삼국유사』였을 가능성이 크다. 두 권의 책이 제시한 둘레에서 7과 6이 두 번째와 다섯 번째 순열에 같이 있기 때문이다. 『삼국유사』의 '□만'도 7만일 가능성이 크다. 어쨌든 13세기 말이면 벽골제는 자기 둘레를 갖는 초대형의 호수로 성립해 있었다. 그 둘레는 앞서 언급했듯이 107km 또는 245km나 된다. 이상과 같이 벽골제가 저수지라는 이해는 12세기에 혼란스러운 기록으로 나타나고, 13세기 말에 초대형의 호수라는 환상으로 비약했다고 이야기할 수 있다.

『삼국유사』가 벽골제를 환상으로 그린 데에는 그 시대 고유의 시간과 공간에 대한 감각이 작용하였다. 13세기 인간들은 신이神異의 세상에서 살았다. 삶과 죽음의 원리가 불교의 윤회관에 입각하였다. 인간, 사회, 국가, 세계에 대한 이해가 불교의 교리에 규정되었다. 이 세상은 부처의 조화이다. 고려의 국왕은 부처의 현신이다. 허리가 굽은 곱추, 짐을 진 소, 꼬리가 긴 뱀, 인간에 쫓기는 여우 등은 이 세상에서 죄 지은 자들이 다음 세상에서 져야 할 업보이다. 『삼국유사』는 이 같은 13세기의 정신세계를 충실하게 대변하고 있다. 일연이 인간이 호랑이와 정을 통하거나, 부처로 변신하여 승천하거나, 찰나의 순간에 바다를 건너 중국에 도달하는 등의 설화를 삼국의 역사로 기록한 것은 그러한 신이의 정신세계에 입각한 것이었다.

용의 호수로 승화하다

나는 일연이 벽골제 유적으로부터 초대형의 호수를 상상한 것도 불교적 신이의 정신세계와 밀접한 연관이 있다고 생각한다. 일연이 보기에 벽골제의 제방은 부처의 공덕이 아니고서는 쌓을 수 없는 거대 규모였다. 시대가 공유한 그러한 정신세계에서 벽골제를 둘러싸고 몇 가지 설화가 생겨났다. 최초의 설화는 13세기 인물인 조간趙簡에 관한 것이다. 그는 김제가 배출한 최초의 고급 신분이다. 생몰 연도는 미상이다. 충렬왕忠烈王 때 장원급제했으며, 이후 벼슬이 밀직부사찬성사密直副使贊成事에까지 올랐다. 『동국여지승람』이 전하는 설화의 내용은 다음과 같다.

조간은 나면서 양쪽 어깨에 용의 비늘이 있었는데, 사람들이 벽골제 용의 정기라고 하였다. 그가 김제군의 서리胥吏일 때 하루는 괴수나무에 올라갔는데, 김제 군수가 낮잠을 자다 꿈에 나무 위에 두 용이 엉켜 있는 것을 보았다. 꿈을 깨고서 사실을 알아본 다음, 조간을 공부시키기 시작하였다. 이후 조간이 과거에 장원으로 급제하였다. 이 일로 조간이 사는 동네를 용두동龍頭洞이라 하였다는 내용이다.[12] 장원급제한 수재를 두고 군룡群龍과 싸워 이긴 용으로 비유하는 것은 별로 이상한 일이 아니다. 용의 비늘도 어깨에 생긴 특이한 반점을 말한다. 이 설화에 깃든 신이는 그리 깊지 않다. 다만 벽골제가 용이 사는 호수로 그려진 점에 주목할 필요가 있다. 13~14세기를 거치면서 벽골제는 초대형의 호수에서 용이 서식하는 신령한 곳으로 승화하였다.

뒤이어 만들어진 벽골룡碧骨龍 설화는 다음과 같다. 조연벽趙連璧은 조간의 아버지이다. 조연벽이 김제에서 귀양살이를 하였다. 어느 날 꿈에 노인이 나타나 말하였다. "나는 벽골제의 용이다. 내일 흑룡이 와서 나의 보금자리를 빼앗으려 한다. 원컨대 공이 나를 구해주길 바란다." 조연벽이 깨어서 심히 이상하게 여겼다. 다음날 새벽에 활을 들고 벽골제에 갔다. 조금 있으니 한 조각 구름이 남쪽 부안에서 밀려오고 큰 비와 함께 천둥과 번개가 쳤다. 갑자기 흑룡이 물 위로 솟아올랐다. 조연벽이 활을 쏘아 명중시키니 붉은 피가 땅에 가득하였다. 그날 밤에 노인이 다시 나타나 감사하며 말하길 "공의 도움으로 나의 보금자리에 영원히 머물게 되었다. 공의 자손은 크게 흥할 것이다." 이후 아들 조간이 태어나 장원급제를 하였다. 조연벽은 오늘날 김제 조씨趙氏 일족이 시조로 모시는 사람이다. 이 설화는 위의 조간 설화 이후 조씨 일족에 의해 만들어진 것으로 보인다. 그 시기는 15~16세기가 아닐까 싶다. 문자로 채집된 것은 19세기이다.[13] 그 사이 또 다른 벽골룡의 신화가 만들어지고 있었다.

[자료2]의 지형도에서 볼 수 있는 것처럼 20세기 초 벽골제 유적에는 두 개의 못이 있었다. [자료11] 『김제군읍지』의 지도는 그것들을 가리켜 용추龍湫라 하였다. 1757년 편찬된 『여지도서』에서도 마찬가지다. 두 용추, 곧 쌍룡추雙龍湫와 관련해서는 다음과 같은 설화가 전한다. 한 용추에는 마음씨 좋은 백룡이 살았고, 다른 용추에는 마음씨 고약한 청룡이 살았다. 두 용이 다투어 벽골제가 무너지게 되었다. 이에 김제 태수의 딸 단야가 스스로 청룡의 제물로 몸을 바치니 청룡이 감복하여 평화가 찾아왔다. 신라 원성왕元聖王 시대를 배경으로 한 설화이다.[14] 오늘날 김제를 대표하는 민속인 벽골제 쌍룡놀이는 이 설화를 소재로 하고 있다. 여기서 백룡과 청룡은 조연벽의 설화에서 격투를 벌인 벽골룡과 흑룡의 후신이다. 그만큼 후대의 조작성이 강한, 19세기까지 문자로 채집된 바도 없는 설화이다.

임금을 속이고 백성을 괴롭힌 공사

1436년 세종 18년의 일이다. 제주도에서 보고가 올라오기를 다섯 마리 용이 한꺼번에 하늘로 올라갔는데, 한 마리의 용이 땅에 떨어져 빙빙 돌다가 다시 올라갔다고 하였다. 4년 뒤 세종은 제주 안무사安撫使에게 당시 용의 크기가 얼마였는지, 머리와 꼬리는 어떻게 생겼는지, 하늘로 올라갈 때 천둥과 번개가 쳤는지 등을 자세하게 보고하라고 지시하였다. 이에 안무사가 보고하기를 당시 안개가 자욱하여 머리를 보지는 못했고, 바람과 비가 거세게 일었지만 천둥과 번개는 없었다고 보고하였다.[15] 이 기사는 15세기의 조선인들이 용의 실존을 믿었음을 전하고 있다. 일연이 대변한 신이의 정신세계는 15세기까지도 건재하였다.

그런 정신세계에서 1415년 벽골제를 다시 쌓는 공사가 벌어졌다. 같은 해 8월 전라도 관찰사 박습朴習이 태종太宗에 건의하였다. 김제 벽골제에 가보니 제방의 길이가 7,196척이고, 돌기둥으로 된 수문이 셋이고, 제방 안의 저수 면적이 거의 1식息이며, 제방 아래의 묵은 땅이 제방 안보다 세 배나 되어 제방을 다시 쌓으면 이익이 크다는 내용이었다.[16] 그에 따라 벌어진 공사의 내용은 『동국여지승람』에 실린 벽골제중수비문碧骨堤重修碑文에서 자세하게 전한다. 앞서 인용한 B에 이어지는 부분이다. 공사를 위해 주변의 고을에서 동원한 장정은 총 1만 명에 달하였다. 공사 기간은 9월 20일부터 10월 13일까지 23일간이었다. 제방의 북쪽에 바닷물 파도가 세게 치는 대극포大極浦가 있는데 그곳에 방축을 쌓았다. 제방의 남쪽에는 웅덩이가 있는데 그곳에 다섯 겹의 목책을 세우고 흙으로 메워 제방을 이었다. 그리고선 장생거, 중심거, 경장거 세 수문의 돌기둥을 보수하고 느티나무 판자를 끼워서 올렸다 내렸다 하면서 물이 통하도록 하였다.[17]

이 같은 내용의 공사기를 읽고서 나는 박습을 임금을 속이고 백성을 괴롭힌 자라고 단죄하였다. 수리와 토목에 밝지 않은 선비가 관찰사 벼슬에 올라 공명심에 들떠 엉터리 공사를 요란하게 벌인 것이다. 벽골제 바깥의 개간 가능한 땅이 안보다 세 배라고 한 공사의 대의명분은 사실이 아니다. 벽골제 바깥의 개간 가능한 땅이라면 [자료2]에서 보듯이 원평천과 태인천 사이에서 동진에 이르는 부분이다. 그 면적은 벽골제 안쪽의 평야에 비해 작다. 박습이 세 배라고 부풀린 것은 원평천과 태인천의 건너편까지 그의 눈길이 미쳤기 때문이다. 그렇지만 이 오활한 관리는 물이 하천을 건너거나 산을 넘을 수 없다는 사실을 알지 못하거나 무시하였다.

박습은 제방 바깥의 땅을 답사하지 않았다. 상상하건대 표고가 조금 높은 곳은 논밭으로 일구어진 가운데 그 나머지의 태반은 갈대가 무성한 저습 미간지로 방치되어 온 곳이다. [자료2]로 돌아가 벽골제 바로 바깥의 21지점을 보면 표고가 2.8m이다. 반면 동진 쪽의 20지점은 4.4m이다. 표고가 높아 밀물에도 잠기지 않은 곳이다. 다시 말해 벽골제에서 흘러내린 물은 동진 쪽으로 갈 수 없다. 오히려 물은 동진 쪽에서 벽골제 쪽으로 흘렀다. 언젠가 사람들은 태인천에 보를 설치하여 벽골제 바깥의 농지에 물을 댔다. 그 여수餘水가 벽골제 쪽으로 흘러 고인 것이 벽골제 중간을 허물고 형성된 두 용추이다. 박습이 약간의 성의라도 가지고 일대의 지형을 주의 깊게 관찰했다면 벽골제 바깥이 벽골제의 물로 관개할 수 없는 땅임을 쉽게 알 수 있었을 것이다. 요컨대 그는 물은 높은 곳으로 올라갈 수 없다는 삼척동자도 아는 진리를 무시한 가운데 벽골제 바깥을 세밀히 답사하지 않았다.

대극포는 [자료2]의 13지점으로서 포교를 말한다. 이미 설명한 대로 밀물이 밀려오는 곳이다. 중수비문도 조수의 파도가 세게 치는 곳이라 하였다. 박습은 그 포교를 제방으로 막았다. 다시 말해 감조하천인 원평천을 막은 것이다. 앞서 설명한 대로 전통 시대의 기술로 조수를 막는 동시에 물을 가두는 제방을 축조할 수는 없었다. 그 짓을 억지로 했으니 갖가지 폐단과 부작용이 뒤따를 수밖에 없었다. 원평천의 물이 좌우로 넘쳐 제방 안의 농지가 침수의 피해를 보았다. 박습이 메운 제방 가운데의 웅덩이는 두 용추를 말한다. 일대에서 가장 표고가 낮아 관개 여수가 흘러 모이는 곳이다. 이 오활한 관리는 자연이 제 나름의 용도로 만들어 놓은 이 못을 다섯 겹의 목책을 세워 흙으로 메웠다. 올 데 갈 데 없어진 물로 주변의 논이 잠겼다. 아니나 다를까 2년도 안 된 1417년 5월 사간원司諫院이 올린 상소에는 새로 쌓은 벽골제 때문에 제방 안이 침수되어 농지를 잃은 백성이 많다고 하였다.[18]

드디어 1420년 세종 2년 9월 큰 바람과 비에 벽골제가 터져 제방 아래의 전답 2,000여 결이 침손되었다는 전라도 관찰사의 보고가 올라왔다.[19] 박습이 중수 공사를 벌인지 5년 뒤의 일이다. 나는 벽골제가 무너진 시점은 그보다 더 이르다고 확신한다. 이후에 편찬된 『세종실록』의 지리지는 김제의 벽골제에 대해 "태종 15년에 다시 쌓았으나 이익은 적고 폐단은 많아서 살펴 허물어 버렸다"고 하였다.[20] 나는 이쪽이 옳다고 생각한다. 벽골제는 폭풍우로 무너진 것이 아니다. 처음부터 터무니없는 공사였다. 오활한 관리가 벌인 한바탕 소동이 지나가자 농민들은 그 자연의 섭리를 거슬러 흙으로 메운 부분을 허물어 버렸음이 분명하다. 그럼에도 그의 공사를 기리는 벽골제중수비가 15세기 중반 어느 시점에 세워졌다. 1481년에 편찬된 『동국여지승람』은 벽골제에 관하여 중수비의 내용을 그대로 옮겼다. 이후 이 지리지에 근거한 환상의 역사가 길게 펼쳐졌다. 지금도 벽골제 유적 앞에 서 있는 중수비는 12세기 이래의 환상의 자취를 추적해 온 나그네의 심정을 더없이 처량하게 만들고 있다.

벽골제 시상

그렇지만 벽골제를 찾은 15~16세기 선비들의 회포는 그와 달랐다. 그들은 아름다웠던 벽골제의 모습을 추억하거나 호수가 말라버린 현실을 안타까워하였다. 김시습金時習은 세조의 왕위 찬탈 이후 세태에 절망하여 전국을 유랑한 시인으로 유명하다. 1463년인가 그는 가까운 삼례역參禮驛에 머물면서 눈에 보이지 않지만 벽골제를 다음과 같이 노래하였다.

> 반평생 오랫동안 길로써 집 삼으니半生長以路爲家
> 일만 물 일천 산 눈 속에 아련하네萬水千山眼底賒

외로운 객관 깊은 밤에 좋은 달 바라보고孤館夜深看好月
작은 뜰에 바람 스치자 떨어진 꽃 주워 모으네小庭風過掇殘花
벽골에 구름 걷히자 물결은 거울 같고雲收碧骨波如鏡
김제에 비 내리니 보리싹 트기 시작하네雨過金堤麥始芽.[21]

김시습은 삼례에서 물이 가득 차 있는 벽골제의 모습을 상상하였다. 독자 여러분은 벽골의 물결이 거울과 같다(碧骨波如鏡)는 구절을 기억해두시라. 나중에 소개하겠지만, 이것은 조선 시대의 여러 시인이 중국 소상팔경瀟湘八景의 동정추월洞庭秋月을 노래하면서 떠올린 시상과 흡사하다. 김시습은 벽골제를 노래하면서 중국의 동정호를 떠올렸을지 모른다. 다음은 영남 사림士林의 비조鼻祖인 김종직金宗直의 시이다. 전라도 관찰사 역임 시기인 1487년경 가까운 부안扶安의 고성古城에 들렀을 때의 작품으로 보인다.

천 길 봉우리의 누각이 절경이라 하여千仞峯頭樓觀奇
억지로 쇠약한 몸 이끌고 높은 곳에 올랐네强扶衰憊更憑危
쇠를 녹일 듯한 햇살은 군산도에 떨어지고鎔金日落群山島
흰 베를 걸친 듯한 연기는 벽골 제방에 걸쳤도다搭素煙横碧骨陂
몸은 반공중에 있으니 눈 가는 곳이 멀고身在半空遊目遠

시는 만상을 찾느라 술잔 놓기 더디구나詩搜萬像放杯遲.[22]

김종직은 부안반도의 어느 성루에서 멀리 군산도와 벽골제를 응시하고 그 아름다운 풍광을 노래하였다. 앞의 [자료5]에서 소개했듯이 오늘날의 군산반도의 서단西端은 19세기까지만 해도 갯벌로 연결된 여러 섬이었다. 그래서 군산도群山島라 하였다. 중국 동정호에도 군산君山이 있다. 시인은 그것을 의식했을 터인데, 그에 관해서는 나중에 다시 언급하겠다.

다음은 장유張維의 시이다. 김제의 수령으로 부임하는 친구를 위해 지은 것이다. 연도는 확실치 않으나 1630년대 초가 아닐까 싶다.

김제군에 대해 모두가 하는 말共道金堤郡
지금 벽골 호수 없어졌으니今無碧骨湖
강산이 빼어난 모습 잃었고江山失形勝
인물이 고갈되어 떨치지 못하는구나人物就凋枯
홍격은 그 옛날 적씨를 비난했고鴻隙曾譏翟
전당은 끝내 소공의 손 빌렸나니錢塘竟待蘇
그대 부디 멋진 솜씨 발휘하여煩君施妙手
뛰어난 업적 읍지에 수록하시라異蹟紀輿圖.[23]

여기서는 벽골제의 아름다움이 아니라 허물어져 쇠퇴한 모습이 시의 소재가 되고 있다. 호수의 물이 마르니 아름다운 경치를 잃었을 뿐 아니라 인물마저 고갈되었다고 하였다. 아마 정여립鄭汝立 사건 이후 호남 출신의 인사가 중앙 정계에서 거의 추방되고 만 현실을 그렇게 빗대었을 터이다. 시를 짓고 난 뒤 장유는 다음과 같은 해설을 덧붙였다. "예전에 김제군 경내에 벽골제가 있었는데 이는 호남을 대표하는 거대한 저수지였다. 그런데 세상에서 전하는 말에 의하면, 이 못이 버려진 뒤로부터 호남에서 인물이 떨치지 못한다고 한다. 그래서 내가 남쪽 고을의 수령을 지낼 때 아무도 이를 복원하는 자가 없는 것을 유감으로 여겼으므로 여기서 다시금 언급하게 된 것이다."

이 시 가운데 홍격鴻格과 적씨翟氏는 중국 한대漢代에 국중 제1의 호수 홍격을 적씨 재상이 허물어 버린 고사를 말한다. 전당錢塘과 소공蘇公에 얽힌 이야기는 중국 송대宋代에 소동파蘇東坡가 절강성浙江省 항주杭州의 지사로 부임하여 그 유명한 서호西湖에 길이 4km 남짓의 소제蘇堤를 쌓았음을 말한다.[24] 17세기 이후 벽골제를 복구하면 호남 일대는 중국 항주와 같은 풍요로운 고장으로 변할 것이라는 주장은 장유의 이 시에서 비롯된 것으로 여겨진다.

소주와 항주로 변하리라

허물어진 벽골제를 다시 복원해야 한다는 세론은 세월과 함께 널리 퍼졌다. 1666년 중앙정부의 제언사堤堰司는 벽골제의 복구공사를 추진하였다. 제언사의 제조提調 조복양趙復陽이 오랫동안 나라 안의 제일 큰 저수지인 벽골제를 다시 수축하면 백성에게 영구한 이익이 있을 것이라는 속설을 믿었는데 드디어 결단을 내린 것이다. 그는 제언사의 관리를 파견하여 벽골제를 조사하였다.[25] 그러자 벽골제 주변 농민들의 인심이 크게 동요하였다. 이에 비변사備邊司가 현종顯宗에게 경솔하게 추진할 일이 아니라고 상소하여 복구 계획을 취소시켰다.[26]

이 같은 소동이 한바탕 지난 뒤에도 벽골제를 복구하자는 주장은 끊이지 않았다. 유형원의 『반계수록』이 그 촉매제 역할을 하였다. 유형원은 다음과 같이 말하였다.

> 지금 김제의 벽골제(전라와 충청의 이름이 호남과 호서인 것은 이 제언에서 비롯되었다), 고부의 눌제, 익산·전주 간의 황등제는 모두 거대한 제방으로서 한 지방의 큰 이익이 되어 예전에 온 나라의 힘을 기울여 축조한 것인데 지금 모두 무너져 버렸다. 무

너진 부분이 불과 수십 장丈이어서, 그 수축에 드는 품을 어림잡으면 천 명이 열흘에 할 일도 못 되어 처음 축조할 때에 비해 만분의 일에 불과하다. 그럼에도 한 사람도 건의하는 사람이 없으니 심히 애통한 일이다. 만약 이 세 제언을 복구하여 천 경頃의 논을 관개할 물을 담는다면 노령산맥 이북은 영원히 흉년이 없을 것이요, 호남의 백성과 물화는 가히 중국의 소주蘇州와 항주杭州에 비견할 것이다.[27]

유형원은 죽고 나서 유명해졌다. 여러 선비와 관리들이 『반계수록』에 담긴 그의 제도개혁론을 읽고 그 시행을 주장하였다. 18세기의 유명한 실학자인 이익李瀷은 그의 『성호사설星湖僿說』에서 위와 같은 유형원의 주장을 거의 그대로 인용하였다.[28] 19세기 초 집필된 정약용의 『목민심서牧民心書』도 마찬가지였다.[29] 1770년과 1783년 중앙정부는 『반계수록』을 출간하여 그 보급을 장려하였다. 이윽고 유형원은 한 시대의 큰 스승으로 받들어졌다. 그와 더불어 벽골제를 다시 수축하면 노령산맥 이북은 영원히 흉년을 면하여 중국 절강성의 소주, 항주와 같은 풍요로운 고장이 될 것이라는 주장 역시 그 신빙성을 더해갔다.

앞서 소개한 기사이지만 다시 언급한다. 1798년 5월 국왕

정조는 벽골제는 중국에서도 유명한 큰 호수로서 그 크기가 김제와 주변 11개 군현에 걸쳤는데, 지금 허물어져 옛 모습을 잃었지만, 이제라도 복구하면 호남에는 다시 가뭄의 걱정이 없을 것이라고 하였다. 연후에 그는 전국의 유생들에게 농업 진흥에 관한 좋은 정책을 건의하라고 명하였다. 그에 응하여 동년 11월 전국의 유생 27명이 상소를 올렸는데, 그중에 영남 대구의 부호군副護軍 복태진卜台鎭의 상소가 정조의 눈길을 특별히 끌었다. 복태진은 위와 같은 유형원의 주장을 거의 그대로 인용한 다음, 이제라도 벽골제를 복구하면 노령 이북은 소주·항주와 같은 풍요로운 지방으로 변할 것이라고 하였다. 후에 그는 유형원을 가리켜 "근세에 국가를 경륜할 만한 으뜸가는 선비"라고 칭송하였다. 다시 말해 노령 이북이 소주와 항주로 변함은 믿어 의심치 않아도 좋을 일이었다.

한 시대가 칭송한 큰 선비이지만 나는 유형원이 오활迂闊했다고 생각한다. 그는 소주와 항주가 어떤 곳인지 알지 못하였다. 송대 이래로 "소주와 항주가 풍년이면 천하가 족하다"라는 말이 내려왔다. "하늘에는 천당, 땅에는 소주와 항주"라고 하기도 했다. 그는 그런 정도의 속설에 의지했을 뿐이다. 유형원 이전에 명의 소주와 항주에 들린 사람은 최부崔溥라는 관리가 유일하다. 그는 1489년 1월 제주도에서 내륙으로 돌아오다가 풍랑을 만나 보름간 표류하였다. 그가 도착한 곳은 절강성의 연안이었다. 중국 관리의 심문을 받은 후 그는 북경으로 호송되었으며, 이후 요동을 거쳐 귀국하였다. 그는 표류, 호송, 귀국의 전말을 『표해록漂海錄』이란 글로 남겼다.[30] 북경으로 급히 호송되었던 탓에 그는 그가 통과한 항주와 소주를 자세하게 관찰할 여유를 갖지 못하였다. 다만 눈에 비치는 대로 각처의 강과 운하에 상선이 운집하고, 사람들이 비단옷을 입고, 운하를 따라 벽돌 건물이 즐비한, 극히 번성한 두 도시의 모습을 간략히 적었을 뿐이다.[31] 그러면서 그는 제방과 호수가 끝도 없이 이어진 동 지역의 자연환경에 대한 간단한 언급을 놓치지 않았다.[32]

절강성 일대는 양자강 북쪽의 강소성江蘇省과 상류의 안휘성安徽省 일부까지 포함하여 평균 표고가 3~4m에 불과한 저지대이다. 이 지방의 제언은 부족한 물을 담는 것이 아니라 수많은 강江, 하河, 천川, 호湖에서 넘치는 물을 막아 경지를 보호하는 역할을 했는데, 우圩라고 하였다. 절강성 일대는 우의 축조로 보호된 우전圩田과 촌락이 일망무제로 펼쳐진 천하제일의 도작稻作 지대였다. 우전이 펼쳐진 범역은 오늘날 이 나라 전 국토를 능가할 정도로 광활하였다.

[자료12-1]은 『표해록』의 최부 일행이 통과한 적이 있는

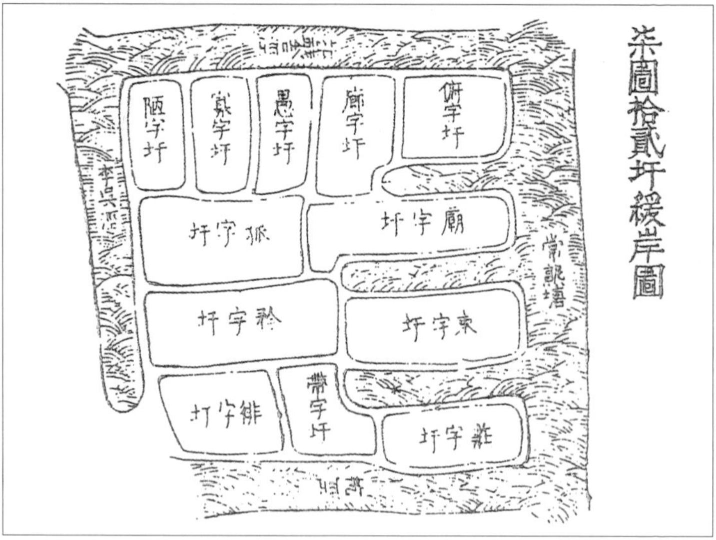

[자료12-1] **중국 절강성 오강현의 우전**

절강성 오강현吳江縣의 모처에 위치한 12개 우의 형태를 나타내고 있다.[33] 우는 하河, 경涇, 당塘, 항港, 빈浜, 루漊 등으로 불린 큰 물길 안에서 조성되었다. 우의 이름으로는 천자문을 딴 자호字號가 붙여졌다. [자료12-2]는 1930년대 같은 오강현에 있는 서장西張이란 우전의 구조를 유명한 사회학자 비효통費孝通이 그린 것이다. 서장우의 네 우안圩岸 가운데 한 곳에는 마을이 조성되었다. 우안으로 보호된 우전은 몇 개의 구획으로 나뉘었는데, 그 역할을 하는 둑을 가리켜 천阡이라 하였다. 우안의 여러 곳에는 관개를 위해 하천으로부터 물을 퍼

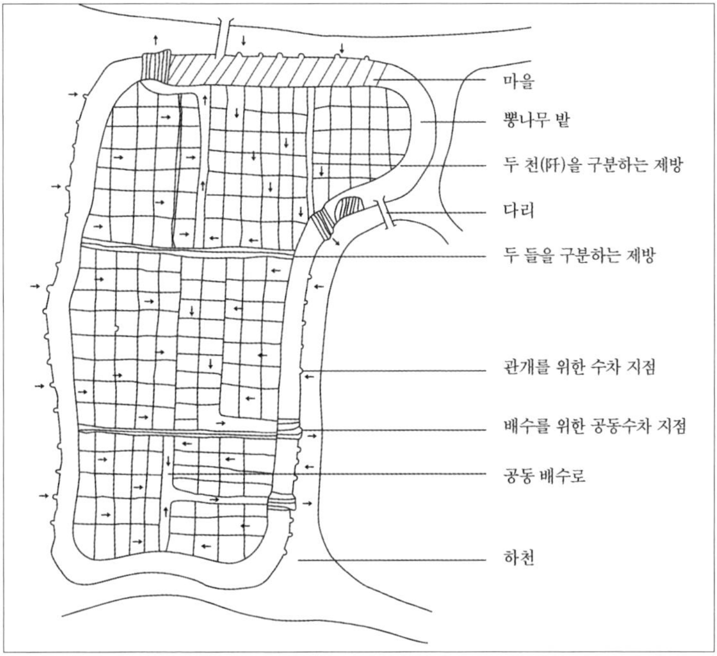

[자료12-2] **중국 절강성 오강현 서장우 우전의 개념도**

올리는 수차水車가 설치되었다. 퍼 올려진 관개수는 여러 천과 우전을 차례로 적셨다. 그 여수餘水가 공동 배수로를 따라 우에서 가장 낮은 곳으로 집결하면 그곳에 이를 바깥의 하천으로 퍼내는 공동수차가 설치되었다.

19세기까지의 한반도에서 이에 준하는 수리 공학의 도작 지역은 존재하지 않았다. 한반도는 산지가 전 국토의 근 8할을 점하는 지형이며, 도작은 산간부의 계간溪間농업이 중심을 이루었다. 내가 한 시대의 스승 유형원을 두고 오활하다고 한 것은 그가 이상과 같은 중국 강남의 농업환경을 몰랐기 때문만은 아니다. 가보지 않은 곳에 대한 환상은 아무리 큰 학자라 해도 피할 수 없는 오류이다. 유형원이 진정 오활했던 것은 벽골제를 한 번이라도 세심하게 관찰한 적이 없다는 이유에서이다.

[자료1] 또는 [자료5]에서 보듯이 유형원이 은거한 부안과 벽골제는 그리 멀지 않다. 마음만 먹는다면 하루 만에 다녀올 수 있는 거리이다. 앞서 자세히 설명했듯이 누구나 그곳을 찾아서 세심하게 관찰하면 벽골제가 물을 가두는 저수지의 둑이 아니라 바닷물을 막는 둑임을 쉽게 알 수 있다. 그렇지만 유형원은 그렇게 관찰하지 않았다. 다시 설명하지만, 벽골제 위아래를 통과하여 동진으로 흐르는 원평천과 태인천 사이의 땅은 벽골제 안의 충적평야보다 넓지 않을 뿐 아니라 (그런 것이 있기나 하다면) 벽골제의 물로 관개를 할 수 있는 지형 조건이 아니다. 벽골제 바깥은 동진으로 갈수록 표고가 높아지는 지형이다. 표고 2~3m의 저지대는 밀물이 들어오면 바닷물에 잠기고, 썰물로 바닷물이 빠지면 갈대밭으로 변하는 곳이다. 표고가 조금 높은 동진 쪽의 땅만은 물에 잠기질 않아 약간의 논밭을 허용하였다. 유형원이 죽고 나서 21년

뒤의 일이다. 1694년 이곳 벽골제 바깥에 왕실 소유의 토지가 설정되었다. 당시 이루어진 조사에 의하면 왕실 소유의 땅은 총 208결인데, 그중 49결이 경지로 활용 중이고, 나머지 159결은 묵은 땅이었다.[34]

유형원은 그런 곳을 개간하기 위해 벽골제 안의 훨씬 넓은 충적평야를 물에 잠그고, 그보다 좁고 불안정한 벽골제 바깥에 물을 대자고 하였다. 그 정신세계는 세종 연간에 전라도 관찰사 박습이 임금을 속이고 백성을 괴롭히다가 실패한 벽골제 복구공사의 그것과 다르지 않다. 또한 박습의 공로를 기리기 위해 세운 벽골제중수비의 그것과 마찬가지이다. 거기서 벽골제는 오늘날의 소양강댐보다 13배나 큰 가운데 물이 날아서 하천과 구릉, 야산을 넘어 멀리 만경, 태인, 부안의 들을 적시는 환상의 호수였다. 그래서 비록 한 시대가 받든 큰 스승이지만, 나는 그가 오활했다고 하는 것이다. 요컨대 그는 관찰의 자세와 과학의 정신을 결여하였다. 솔직히 말해 나는 그가 열었다는 실학實學이 무엇인지도 잘 알지 못한다.

그렇게 세월과 함께 벽골제 환상은 깊어만 가고 있었다. 오활한 국왕, 관료, 선비들이 지어낸 초대형 호수의 환상은 거역할 수 없는 정치적 권위였다. 그들은 농업이 피폐한 원인을 수리 시설의 붕괴에서 찾고 허물어진 벽골제를 그 예로 들었다. 기술적으로 가능한 복구공사가 아니었다. 환상은 꿈꾸는 자에겐 순간의 즐거움이지만 냉엄한 현실에선 영원의 절망이다. 환상과 절망은 밑바닥에서 통한다. 벽골제 환상은 그러한 역할과 더불어 1910년 조선왕조가 패망할 때까지 면면히 이어진다.

4

소중화의 국제질서

동굴의 우화

벽골제가 더없이 넓고 큰 호수라는 환상은 12세기에 생겨 21세기 초까지도 이어지고 있으니 환상의 역사는 무려 9백 년이다. 그토록 오랜 기간에 환상이 깨지지 않은 이유는 무엇인가. 앞서 관찰과 과학 정신의 결여를 거론했는데, 그것만으로는 충분치 않다. 보다 깊은 원인이 있었다. 이 대목에서 나는 플라톤이 『국가론國家論』 제7권에서 제시한, 너무나도 유명한 "동굴의 우화(Allegory of the Cave)"를 떠올린다.

동굴은 [자료13]과 같이 생겼다. 동굴의 깊숙한 안쪽에는

[자료13] **동굴의 우화**

태어나면서부터 이곳에서 생활해 온 죄수들이 있다. 그들의 몸은 사슬에 묶여 있다. 그들 뒤에는 사람 키만 한 벽이 세워져 있다. 그 뒤로 사람들이 오가는데 어깨 위로 말, 병정, 새, 개 등의 모형을 들고 있다. 그 뒤에는 모닥불이 피워져 있다. 죄수들이 유일하게 바라볼 수 있는 방향의 벽에는 말, 병정, 새, 개의 그림자가 비치고 모닥불에 따라 일렁거린다. 지나가는 사람이 소리를 내면 죄수들은 그것을 그림자가 내는 소리라고 믿는다. 플라톤은 이러한 인식의 공간을 가시계可視界라고 하였다. 죄수들은 눈에 보이는 허상을 실재實在라고 믿는다. 인식 능력은 초보적인 감각에 지나지 않는다. 세월이 지나면 그 감각은 누구도 어쩔 수 없는 확신과 신념으로 굳어진다.

어느 날 한 죄수가 어떤 힘에 의해 쇠사슬에서 풀려난다.

그는 벽 뒤를 돌아 모닥불을 본다. 그는 동굴 바깥으로 기어 나온다. 바깥세상은 동굴 안과 비교할 수 없을 정도로 밝은 세상이다. 죄수의 눈은 거의 멀고 만다. 꽤 오랜 적응 기간을 거쳐 비로소 그는 하늘과 땅을 보게 된다. 땅의 푸르름과 거기서 노는 온갖 생명체의 근원은 하늘의 태양이다. 오랜 시간이 지나 그는 눈에 바로 보이지는 않지만, 우주와 자연의 이치를 깨닫는다. 플라톤은 이 인식의 공간을 가지계可知界라 하였다. 여기서는 감각이 아니라 오성悟性이 지배한다. 그림자는 왜 생기는가. 빛이 직진하기 때문이다. 수학적, 과학적 추론은 오성의 힘에 의해서이다. 그는 깊은 관찰과 추론, 명상을 통해 온갖 생명체의 근원으로 태양과 같은 역할을 하는 어떤 최고 수준의 원리를 발견한다. 그것이 플라톤의 스승 소크라테스가 아테네의 시민에게 가르치려다가 독배를 마신 어떤 영원불변의 진리, 곧 선善의 이데아이다. 문득 그 사람은 아직도 동굴 안에 묶여 있는 동료 죄수들을 떠올린다. 그는 그들에게 바깥세상을 가르치고자 동굴로 돌아온다. 캄캄한 곳에 들어서니 한동안 다시 눈이 멀고 만다. 동료들은 그의 눈이 이상해졌다고 놀린다. 심지어 바깥세상에 대해 이야기하는 그를 미친 사람으로 간주하고 죽이려고까지 한다.

나는 인간의 인식이 가시계에서 가지계로 발전하는 것을

인간 내면에 잠재한 오성의 힘만이라고는 생각하지 않는다. 인식의 단계를 결정하는 가장 중요한 요소는 공간이다. 좁고 닫혀 하늘을 볼 수 없는 공간인가, 넓게 열려 산과 바다와 태양을 볼 수 있는 공간인가 그 차이이다. 고려 시대만 하더라도 하늘은 열려 있었다. 고려왕조는 스스로 소천하小天下임을 자부하였다. 비록 중국의 천자天子로부터 책봉을 받았지만, 어디까지나 군사·외교 차원의 일이었다. 대내적으로 고려의 왕은 천자의 예로써 나라를 다스렸다. 그리고 하늘에 직접 제사를 지냈다. 그 하늘이 조선왕조에 이르러 슬슬 닫혀버렸다. 하늘과 바다는 동굴의 벽으로 바뀌었다. 조선 시대의 한반도는 깊은 동굴과 같았다. 인간들의 인식은 환상을 감각하는 수준에 머물고 그것을 불변의 신념으로 굳혀갔다. 이제부터 그 이야기를 펼쳐볼까 한다.

조선왕조의 개창

1392년 7월 고려왕조가 망하고 조선왕조가 문을 열었다. 자료의 부족으로 단정할 수야 없지만 창업자 태조 이성계의 가문이 고려인인지에 대해 역사가들은 회의하고 있다. 대몽골 울루스의 시대에 만주의 대부분은 옷치긴 왕조의 지배 아래에 있었다. 옷치긴은 징기스칸의 막냇동생이다. 1255년 이성계의 조부 이안사李安社는 옷치긴 왕조로부터 5천 호의 수천호首千戶 겸 다루가치의 직위를 하사받았다. 1290년경 이 가문은 원元의 쌍성총관부雙城摠管府가 설치된 안변安邊으로 남하하여 정착하였다. 이후에도 옷치긴으로부터 받은 수천호와 다루가치 직위는 이성계에 이르기까지 5대에 걸쳐 계승되었다.[1] 그렇게 이성계 가문은 대몽골 울루스의 변방에서 성장한 군사세력의 하나이다. 『조선왕조실록』은 이성계의 아버지 이자춘李子春이 '吾魯思不花'라는 몽골식 이름을 가졌음을 숨기지 않고 있다.[2] 몽골어로는 '울루스불카'이다. 울루스는 대몽골의 국가 또는 백성이란 뜻이다.

이 가문이 고려왕조에 복속한 것은 1359년 공민왕恭愍王이 쌍성총관부를 공격하여 고토를 수복할 때 그 지역의 이자춘이 호응하여 큰 공을 세우면서부터이다. 이자춘과 이성계는 고려왕조의 관직을 부여받았다. 이후 홍건적과 왜구의 침입을 격퇴하는 과정에서 이성계와 그의 군사 세력은 두드러진 활약을 보였다. 이성계는 고려 조정의 실력자로 부상하였다. 그런데도 그의 권력은 고려의 정규 중앙군에 기반을 두지 않았다. 이성계의 친병 가별초군家別抄軍은 몽골식 기마 전투와

거친 산악지대에 잘 훈련된 여진족을 핵심 전력으로 하였다.[3] 1388년 요동遼東을 장악해 온 몽골 세력이 신흥 명明 제국에 항복하였다. 고려와 국경을 맞댄 명은 이전의 쌍성총관부에 철령위鐵嶺衛를 설치하여 명의 직할령으로 삼겠다고 고려에 통고하였다. 고려는 요동을 정벌하기 위한 군사를 일으켰다. 이성계가 그 선봉을 맡았다. 대몽골 울루스 변방의 군사 세력으로 입신하여 국제정치의 변화에 적응해 온 가문 출신의 이성계로서는 무모한 전쟁이었다. 이성계는 군대를 돌려 고려의 조정을 장악하였다(威化島回軍). 때를 같이 하여 만주를 지배한 옷치긴 왕가 역시 영토에 대한 지배권을 인정받는 조건으로 명에 항복하였다. 군대를 돌린 이성계의 국제정치 감각이나 살아남기 위한 전략은 옷치긴과 다를 바 없었다.[4]

변방 출신인 이성계의 정치적 기반은 취약하였다. 그를 도와 새로운 왕조의 창업을 주도한 세력은 일군의 성리학자였다. 원과의 교류가 활발해진 13세기 후반부터 송의 주자朱子가 집대성한 성리학이 고려에 들어왔다. 이전까지 고려는 경사經史와 시문詩文의 형식적 수준에서 유교를 수용하였을 뿐이다. 자연과 사회의 기본질서나 인간 본성에 관한 형이상학形而上學은 불교의 세계에 맡겨져 있었다. 주자 성리학은 삼라만상을 태동하는 기운에 어떤 근본적인 도덕율道德律이 관통한다는 형이상학을 정립하였다. 그 도덕율은 인간 제관계에 있어서는 충忠, 효孝, 제悌, 자慈와 같은 사회윤리로 발현한다. 인간은 각각의 기질과 도덕능력에 따라 상하 위계의 적절한 곳에 놓인다. 사회와 국가는 그렇게 성립한 유기체로서 조화의 질서이다. 성리학의 세계에서 왕정王政은 이 같은 형이상학과 사회윤리에 충실한 도덕정치道德政治이다. 성리학의 정치는 군주가 백성의 부모로서 인륜의 모범을 보일 때 하늘과 땅이 감응하여 경제, 사회, 정치의 조화가 달성된다고 주장하였다.

연개소문을 지우다

조선왕조의 창업에 협조한 성리학자들의 역사관이 어떠했는지와 관련해서는 다음의 사건이 대단히 흥미롭다.[5] 이곡李穀은 고려의 과거에 급제하여 벼슬이 예문관 검열에 올랐다. 1332년 원에 들어가 전국적 전시殿試에서 차석으로 급제하여 한림원 검열에 임명되었다. 1334년 이곡은 본국 정부의 귀국 명령을 받았다. 다음의 시는 그가 원을 떠날 때 그와 교유한 한림원 편수 송경宋褧이 지은 것이다.[6] 송경은 1294년생이며,

1324년 진사시에 합격하여 한림원에 들어온 자로 이후 학자로 대성하여 문청文淸이란 시호를 받았다.

개소문 후에 전쟁이 잦아드니蓋蘇文後少武事
지구루[7] 아래에 글 읽는 소리 이어졌네漬溝樓下有書聲
공사[8]의 신분으로 압록강 멀리 건너와서貢士來經鴨緑遠
등과하여 아비[9]의 영광을 안고 가는구나登科去被牙緋榮
중조가 명을 발하여 보내는 새 조사요中朝分命新詔使
동인이 다투어 영접할 옛 서생이라東人爭訝舊儒生
황제의 덕음을 선포하여 성교를 넓힌 뒤에는德音宣布聲教廣
아들의 태학 입학을 위해 함께 연경으로 오시게遣子入學同趨京.

마지막 행에서 송경이 부탁한 대로 이곡의 아들 이색李穡 역시 1354년 원의 전시에서 차석으로 합격하여 한림원 편수로 복무하였다. 고려에 돌아와서는 벼슬이 성균관원 대사성에 이르렀으니 당대의 최고 학자요 정치가였다. 이색의 문하에서는 여러 쟁쟁한 성리학자들이 배출되었는데, 그들의 정치적 선택은 한결같지 않았다. 한편에서는 정몽주鄭夢周, 길재吉再, 이숭인李崇仁과 같이 고려왕조에 충절을 다한 무리가 있는가 하면, 다른 한편에서는 정도전鄭道傳, 하륜河崙, 권근權近

과 같이 조선왕조 창업의 주역으로서 활약한 무리도 있었다.

정치적 선택은 달랐지만, 이들의 역사관만큼은 동질적이었다. 고려를 위해 목숨을 버린 정몽주는 중국 상대上代 주周의 문물과 제도를 이상으로 간주하였다. 그래서 꿈에서도 주 나라를 보겠다고 하여 이름을 몽주夢周라 하였다. 그와 대립한 정도전도 마찬가지이다. 그는 유학의 도통道統을 잇는 새로운 나라의 건설을 꿈꾸었다. 그래서 이름을 도전道傳이라 하였다.[10]

1351년 이곡이 사망하였다. 이후 1364년 아들 이색이 아버지의 문집 『가정집稼亭集』을 간행하였다. 그 문집에서 1334년 이곡이 원의 송경에게 받은 시에 수정이 가해졌다. 수정의 주인공이 이곡 본인인지 아니면 아들 이색인지는 분명치 않다. 수정은 전 8행 가운데 제1행에서만 이루어졌다. 제2~8행에는 아무런 변화가 없다. 수정 전과 후의 제1행은 다음과 같다.

개소문 후에 전쟁이 잦아드니	→	기자가 끼친 풍교 어언 2천 년
(蓋蘇文後少武事)		(箕子餘風二千載)

개소문은 물론 중국 수隋와 당唐의 침공을 막은 고구려의

영웅 연개소문淵蓋蘇文이다. 수의 양제煬帝는 612년 이래 세 차례나 고구려를 침공했지만 실패했으며, 곧이어 나라까지 잃었다. 뒤를 이은 당 태종太宗은 중국사의 큰 영웅이다. 그는 645년 고구려의 안시성을 공략했으나 고구려 군민軍民의 결사 항쟁으로 역시 실패하였다. 앞서 잠시 언급한 최부의 『표해록』에는 당시 명의 관리가 최부에게 "당신네 나라는 무슨 비결이 있어서 수와 당의 군대를 물리쳤는가"라고 묻는 장면이 나온다.[11] 그만큼 수 양제와 당 태종을 격퇴한 고구려의 연개소문은 중국에서 오래 전승되어 온 특별한 기억이었다. "동이족은 강해. 함부로 건드리면 곤란해." 그러한 기억이었다. 그래서 원의 송경은 이곡과 작별하면서 한때 무력이 강했던 오랑캐의 땅에서 독서의 기풍이 일더니 드디어 당신 같은 우수한 학자가 태어났다는 취지의 작별사를 건넨 것이다.

고구려가 수와 당을 격퇴한 사건은, 이후 50년 뒤 신라가 삼국을 통일하는 마지막 국면에서 당과 8년간 전쟁을 벌이고 결국 승리한 사건과 더불어 우리 한국사에서 가장 아름답고 흥미로운 이야깃거리이다. 그 얘기를 듣고 흥감하지 않을 한국인이 어디 있을까. 그렇지만 이곡과 이색은 달랐다. 그들은 중국 천자의 덕화를 입지 못한 오랑캐 나라의 한 장수가 중국과의 전쟁에서 승리한 사건을 아름답게 여기지 않았다. 그래서 그들은 자국의 역사에서 연개소문의 영웅담을 지웠다. 그 빈자리를 이곡 부자는 2천 년 전 기자箕子 성인이 중국에서 동쪽으로 건너와 교화를 펼쳤다는 신화로 메웠다. 이곡 부자를 선구로 하여 왕조 교체의 정치세력으로 성장한 14세기 신흥 사대부들의 역사관은 이상과 같았다.

기자의 나라

1392년 태조 이성계는 명의 태조 주원장朱元璋에게 새로운 왕조의 국호를 지정해 줄 것을 요청하였다. 그는 '화령和寧'과 '조선朝鮮' 두 가지를 후보로 추천하였다. 화령은 이성계 가문의 근거지인 함길도 회령부會寧府를 가리킨다. 조선의 유래에 관해선 여러 설이 있는데, 동이의 한 족속인 숙신肅愼의 음이 한자로 전轉하여 '주신珠申'으로 나아가 '조선'으로 되었다는 설[12]이 가장 유력해 보인다. 중국인의 역사적 기억에서 조선은 기자조선箕子朝鮮이었다. 기원전 12세기 은殷 나라가 망하고 주周 나라가 세워지자 은의 왕족인 기자가 은의 유민을 이끌고 동이東夷로 건너가 세운 나라가 기자조선이다. 이성계의 요청에 대해 주원장이 "동이의 국호로서 조선의 칭호가 아름답고 그 유래가 길다"고 하면서 조선을 택정한 것은 이 같은 중국인의 역사적 기억에서였다. 그러자 이성계의 신하들이 "성인이 왕통을 창시하시니 기자의 옛 봉토를 다스리시며, 황제의 명령이 아름다워서 조선이란 국호를 주셨습니다"라고 경축하였다.

기자조선의 설화는 기원전 1세기에 저술된 『사기史記』에서부터 전하고 있다. 이 조선과 기원전 4세기부터 요하遼河 동쪽을 무대로 활동한, 오늘날 우리가 고조선古朝鮮이라고 부르는 조선이 어떠한 관계가 있는지를 설명하는 문헌 사료나 고고학적 증거는 존재하지 않는다. 기자조선의 설화는 언제부턴가 한반도 북부에 대한 중국의 지배를 정당화하기 위해 중국인이 만들어낸 신화에 불과하다. 조선왕조의 창업자들은 그 신화를 역사적 사실로 믿었으며, 그러한 환상으로 그들의 역성혁명易姓革命을 정당화하였다.

이성계를 도와 새로운 왕조를 여는 데 가장 공로가 컸던 정도전은 국호 조선의 의의를 다음과 같이 설명하였다.

> 해동의 여러 나라는 국호가 일정하지 않았다. (중략) 박씨, 석씨, 김씨의 경우 신라를 칭하였고, 온조는 백제를 칭하였으며, 뒤에 견훤이 후백제라고 하였다. 또한 고주몽은 고구려를 칭

했는데, 궁예가 후고려를 칭하다가 왕씨가 궁예를 대신하여 고려라는 국호를 이었다. 이들은 모두 한쪽 구석 땅을 함부로 차지하고 중국의 명을 받지도 않고 스스로 국호를 세우다가 서로 침탈했으니, 비록 국호가 있으나 어찌 족히 나라의 실체가 있었겠는가. 오로지 기자만이 주 무왕의 명으로 조선후朝鮮侯에 봉해졌다. 지금 천자가 명하기를 "오로지 조선의 칭호가 아름답고 그 유래가 길다"라고 한 것은 그 이름을 근본으로 하여 실체를 취한 것이다.[13]

이렇듯 정도전은 신라, 백제, 고구려, 고려 등 역대 왕조의 정통성을 부인하였다. 함부로 한쪽 땅을 차지하고 국호를 참칭하였을 뿐, 나라다운 나라가 아니었다는 뜻이다. 나라다운 나라는 중국 천자의 봉함을 받은 기자조선이었다. 이제 조선왕조가 그 국호에서부터 기자조선을 계승하니 비로소 이름과 실체가 조응하는 나라다운 나라가 부활하였다는 것이다. 이 같은 정도전의 역사관은 그의 스승 이색이 연개소문을 지우고 기자를 내세운 것과 다를 바 없다. 한국 문명사에서 이처럼 큰 단절이 있은 적은 없었다. 이후의 한국사는 중국사의 일환으로 전개되었다. 역사학자들은 억지로 눈을 감고 있지만 아무래도 감추기 힘든 역사의 진실이다. 조선왕조는 그 이

름에 걸맞게 점차 기자의 나라로 순치되어 갔다.[14]

세종의 큰 공적

명 제국의 번국蕃國으로 성립한 조선왕조가 그러한 국제적 지위에 걸맞게 자신의 국가체제를 정비하는 것은 세종 연간(1418~1450)에 걸쳐서이다. 그에 관해서 나는 이전의 책 『세종은 과연 성군인가』에서 자세하게 소개하였다. 이하는 그것의 요약이다. 첫째로 중요한 변화는 천제天祭, 곧 하늘에 대한 제사의 폐지이다. 조선왕조가 들어선 뒤 한동안은 지난 천년의 전통에 따라 심한 가뭄이 들 때 기우제의 형태로 천제가 거행되었다. 세종이 즉위한 초기 10년간에도 천제는 중단되지 않았다. 아버지 태종의 신하로서 변계량卞季良과 같은 중신이 천제의 거행을 고집하였기 때문이다. 세종은 천제를 폐지할 생각이었지만, 그들의 반대를 누르기 힘들었다. 이윽고 아버지의 신하들이 모두 사망하거나 조정을 떠난 1430년 이후 세종은 자기 소신에 따라 천제를 폐지하였다. 천제는 하늘을 대신하여 천하를 다스리는 천자의 고유한 제사이다. 제후가 되어서 감히 천자의 예를 거행할 수 없다. 오히려 하늘의 노여움만 살 뿐이다. 세종의 소신은 이와 같았다. 이후 큰 가뭄이 들 때마다 천제를 거행하자는 여론이 일지만 세종은 흔들리지 않았다. 1444년 편찬된 『국례國禮』에서 기우제는 조정이나 지방의 관리가 거행하는 중사中祀의 지위로 격하되어 있었다.

한국사에서 삼한三韓 이래의 역대 왕조는 천제를 거행하였다. 만주와 한반도의 패자로 군림한 고구려는 스스로를 천하의 중심으로 자부하였다. 그것은 어느 한 나라가 주도하는 천하가 아니라 복수의 나라가 병존하는 다원적인 천하였다. 그 같은 천하관은 삼한 고유의 종교적 전통과 결부되어 왕권의 신성을 보증하는 정치철학으로 역할을 하였다. 고려는 고구려의 전통을 계승하였다. 고려 국왕은 중국 황제의 책봉을 받았지만, 다원적 구조의 천하관에 상응하는 상대적 우열의 관계를 넘지 않았다. 고려왕조는 독립국의 상징으로서 하늘에 대한 제사를 고수하였다. 그 제사가 조선왕조 세종에 의해 폐지되었다. 세종은 공물을 바치는 등 명과의 외교에서 지성사대의 모범을 보였다. 1443년의 일이다. 그에 감동한 명의 황제가 칭찬의 글을 내리자 세종은 "삼가 기자를 봉했던 땅을 정성껏 지키어 아무쪼록 동방을 다스리는 직책을 다 하겠나이다"라고 대답하였다.

다음으로 중요한 변화는 역월제易月制의 폐지이다. 고려의 국왕들은 아버지 선왕이 죽으면 25일간 상복을 입었다. 가례家禮에 따르면 25개월간 상복을 입어야 하지만, 하늘을 대신하여 세상을 다스리는 군왕이 그러한 사사로운 가례에 구애될 수는 없었다. 거상居喪 기간 25개월을 25일로 대체하는 것이 곧 역월제이다. 역대 군왕이 고수해 온 역월제의 전통은 세종에 의해 부정되었다. 세종은 아버지 태종이 죽자 상복 25개월을 고집하였다. 세칭 3년상이다. 세종이 그렇게 인륜의 지극한 모범을 보이자 조정의 대소 신료도 그에 따르기 시작하였다.

고려 시대까지 3년상은 일반적이지 않았다. 아버지가 죽으면 상급 관료가 받는 휴가는 100일, 하급 관료는 50일에 불과하였다. 그러했던 복상제服喪制가 조선왕조에 들어 세종에 의해 폐지되었다. 위로는 군왕에서부터 아래로는 사士에 이르기까지 3년상이 일반화되기 시작하였다. 상을 당한 관료들은 벼슬을 그만두고 빈소와 무덤을 지켜야 했다. 관료만이 아니라 중앙군에게도 3년상이 허용되었다. 나는 조선왕조에 들어 중앙군 제도가 슬슬 허물어진 최대의 원인을 이 같은 복상제의 변화에서 찾을 수 있다고 생각한다. 아버지상뿐만 아니라 어머니상을 맞아서도 3년상이었다. 나아가서는 법이 정하는 모든 유복지친有服之親의 상을 당해서도 일정 기간 상복을 입어야 했다. 그 법을 곧이곧대로 준수할 경우 조선왕조의 인간들은 생애의 대부분을 상복을 입고 지내야 했다.[15] 상복은 특별복이 아니라 차라리 일상복이었다. 조선왕조는 세종의 역월제 폐지를 기화로 슬슬 죽은 귀신이 산 자를 지배하는 음울한 세상으로 바뀌어 갔다.

세종의 역월제 폐지는 초월적인 왕례를 상대적인 가례로 격하하였다. 고려왕조의 국례는 기본적으로 왕례였다. 사가私家나 지방은 국례의 주체나 대상이 아니었다. 그에 비해 조선왕조의 국례에서는 제후인 왕의 가家만이 아니라 그 아래 대부大夫의 가, 그 아래 사士의 가, 그리고 지방도 예의 주체로 승격하였다. 조선의 왕은 하늘을 대신하는 초월적인 존재가 아니라 천자를 정점으로 하는 천하의 질서에서 상대적으로 높은 위계에 놓인 존재로 변질하였다. 다시 말해 조선왕조의 국가체제는 천자天子-제후諸侯-대부大夫-사士-서庶의 위계로 짜인 예禮의 국제질서를 그 본질로 하였다. 위계의 차이에 따라 예의 형식은 달랐다. 예컨대 조상 제사의 경우 천자가 7대를 제사한다면 제후는 5대, 4품 이상의 대부는 3대, 5~6품의 사는 2대, 그 아래 7품 이하의 사와 무품의 서는 1대와 같은 식이었다.

요컨대 고려의 국가체제는 독자의 하늘을 보유한 소천하의 그것이었다. 고려는 3만여 중앙군을 핵심 전력으로 하는 독립국가였다. 고려는 여러 차례에 걸친 거란의 침입을 자력으로 방어하였다. 고려는 몽골의 침공에 장기간 완강하게 저항하였다. 그러했던 고려의 국가체제가 조선의 세종조에 이르러 천자를 정점으로 하는 예의 국제질서로 바뀌었다. 조선왕조는 중국의 책봉을 받은 제후의 가로 변질하였다. 나라를 지키는 강력한 군사력은 필요하지 않았다. 천자를 정점으로 한 예의 국제질서가 더욱 공고한 국방태세로 역할을 하였기 때문이다. 따지고 보면 한국사에서 세종만큼 중요한 변화를 일으킨 군왕은 없었다. 그 군왕을 두고 오늘날의 한국인이 성군이라 칭송해서 좋은지가 이전 책에서 내가 독자 여러분에 제기한 질문이었다. 이하는 그렇게 제후의 국가로 국가체제를 개변한 뒤에 펼쳐진 더욱 흥미로운 역사이다.

번국 나름의 뻣뻣함

명의 번국에 상응하는 국가체제의 정비는 성종 연간(1470~1494)에 편찬된 『국조오례의國朝五禮儀』에서 마무리되었다.

이후 조선왕조의 대외관계는 안정기를 맞이하였다. 명과의 사대관계는 주어진 의례에 준하여 수행되었다. 조선왕조는 그 의례에 충실함으로써 오히려 명의 번국에 대한 과도한 요구를 거부하는 주체성을 보였다. 소천하의 세계관은 아직 완전히 사라지지 않았다. 사대의 이념과 관계는 명분의 수준에 머물렀으며, 정신문화로까지 사무치지는 않았다.

예컨대 명 황제의 사신이 서울에 도착하면 조선의 국왕은 모화관慕華館에서 사신을 국궁鞠躬의 예로 맞이하였다.[16] 연후에 궁궐로 돌아와 황제의 편지를 개봉하고 그것이 조서이면 4배3고두四拜三叩頭의 예를, 칙서이면 4배1고두의 예를 올렸다. 그것은 1370년 명의 태조가 번국에게 내린 의례이기도 하였다. 그런데 1450년 명의 사신은 조선의 국왕이 모화관에서부터 사신을 5배3고두의 예로 맞이하기를 주장하였다. 그것이 명에서 지방관이 황제의 사신을 맞는 의례였다. 조선왕조는 명 태조가 번국에 내린 의례에 그러한 규정이 없다는 이유를 들어 거부하였다. 이 같은 다툼은 이후 15세기 말까지 몇 차례나 되풀이되었다. 명의 사신은 명 태조의 권위를 빌어 반박하는 조선의 입장을 꺾을 수 없었다.

1460년 명의 사신은 조선의 세자도 황제의 칙서를 받는 의례에 참여해야 한다고 주장하였다. 이 문제를 놓고 조선의 대신과 명의 사신이 벌인 논쟁을 요약 소개한다.

명 : 세자가 어리더라도 이미 책봉을 받았으니 예에 따라 칙서 를 맞이해야 마땅하다.

조선 : 세자는 지금 어리기도 하지만 예전에 사신이 왔을 때도 그런 예는 없었다.

명 : (노하며) 그것은 예전의 사신이 실수한 것이다. 세자가 참례하지 않으면 칙서를 갖고 돌아가겠다.

조선 : 옛날의 군자는 남이 준비하지 못한 일을 강요하지 않았고, 또 예에도 늙은이와 어린아이는 능히 예를 행할 수 없다는 말이 있다. 세자는 유약하니 강제로 고집할 일이 아니다.[17]

사대는 나름의 이념과 명분에 기초한 예의 관계이다. 군군신신君君臣臣이라 했던가.[18] 임금은 임금다워야 하고 신하는 신하다워야 했다. 상국이나 번국이나 예의 실행에 어긋남이 있어서는 곤란하였다. 이 같은 조선의 자세에는 상국도 함부로 할 수 없는 번국 나름의 뻣뻣함이 묻어 있었다. 그 사이 명은 몽골이나 여진족과 충돌하면서 조선의 출병을 몇 차례 요구하였다. 국왕과 대신은 자국의 이해를 세밀하게 따져 그에 적극적으로 응하기도 하고 적당히 뭉개기도 하는 융통성을 발휘하였다.

중종의 시대

예의 주체로서 번국 나름의 뻣뻣함이 허물어지는 것은 중종 연간(1506~1544)부터이다. 1537년 중종은 명의 사신을 모화관에서 5배3고두의 예로 맞이하였다. 명 태자의 탄생을 알리는 조서를 들고 온 사신이었다. 사신은 압록강을 건너면서부터 조선의 국왕이 자신을 5배3고두로 맞이할 것을 주장하였다. 그것이 『대명회전大明會典』에 규정된 천하의 통례이고, 번국이 지성으로 사대하는 도리라는 이유에서였다. 조정의 중신들은 반대하였다. 그럼에도 중종은 명 사신의 주장을 수용하였다. 그는 조선 국왕으로서는 처음으로 도성의 백성이 지켜보는 가운데 5배3고두의 예를 거행하였다.

계승범은 중종의 이 행위를 국왕의 권위와 권력을 강화하기 위한 정치적 책략으로 해석하였다. 중종은 연산군燕山君을 몰아낸 반정反正 세력에 의해 어느 날 갑자기 왕위에 앉혀진 사람이다. 처음 몇 년간 중종은 반정 세력의 꼭두각시에 불과하였다. 그들은 중종의 부인 신씨가 연산군 처남의 딸이라는 이유를 내세워 중종에게 이혼을 강요하였다. 중종은 그의 부인을 지키지 못하였다. 반정의 주모들이 다 죽은 1513년부터 중종은 조심스럽게 자신의 시대를 개척하였다. 그가 처음 선택한 동반자는 조광조趙光祖를 위시한 급진 사림파였다. 그 세력이 도학의 명분을 내세워 왕권을 심하게 압박하자 중종은 그들을 내치고 다시 반정 세력과 손을 잡았다(己卯士禍).

이후 중종은 명에 대한 사대의 의례를 부쩍 강화하였다. 앞서 지적한 대로 조선의 국가체제는 천자를 정점으로 하는 예의 국제질서로 구축되었다. 천자를 보다 지극한 정성으로 섬기겠다는 중종의 주장을 조정의 관료들이 반박할 여지는 별로 크지 않았다. 그들은 울며 겨자 먹기로 중종을 따랐다. 중종의 지성 사대에 천자는 보다 많은 사은품으로 답례하였다. 그런 과정을 반복하면서 중종은 그의 권위와 권력을 강화해 갔다. 계승범이 들고 있는 여러 사례 가운데 한 가지만 소개한다.[19]

명의 가정嘉靖 황제는 앞선 정덕正德 황제의 사촌이다. 등극 후 가정제는 자신의 생부를 황제로 추존하고 존호를 올렸다. 이 소식을 들은 중종은 진하사進賀使를 파견하였다. 조정의 대신들은 명으로부터 정식 통보도 없고, 이를 두고 명 조정 내에서 심각한 정쟁이 일고 있는 만큼 서둘러 축하 사절을 파견할 일이 아니라면서 반대하였다. 중종은 번국이 되어서 상국 조정에서 벌어지는 일의 시비를 따질 수는 없으며, 오로지 지성으로 사대하면 그만이라는 논리로 자신의 의지를 관철하였다. 비슷한 일은 가정제가 생존하는 두 명의 태후, 곧 자신의 두 어머니에게 존호를 올릴 때도 벌어졌다.

조선의 진하사를 맞은 가정 황제는 더없이 기뻤다. 황제의 행동에 명 조정은 분열했으며, 축하의 인사를 전하는 지방관은 거의 없었다. 그런 마당에 조선이 축하 사절을 보내니 가정의 입장이 크게 강화되었다. 가정은 조선의 사절단을 친히 접견하고 많은 하사품으로 답례하였다. 황제의 특별한 응답은 거꾸로 중종에게 내외 문무백관으로부터 진하를 받을 기회를 제공하였다. 중종은 명 조정의 기미를 세밀하게 살폈으며, 축하할 만한 일이 있다 싶으면 자세한 내막을 알아보지도 않은 채 진하사부터 보냈다. 중종의 빈번한 진하사 파견은 요동 주민에게 큰 부담이 되어 명 조정에서 이를 문제 삼을 정도였다.

그 같은 추세의 연장선에서 전술한 대로 1537년 중종은 명의 사신을 맞아 5배3고두를 거행하였다. 이후 5배3고두는 대명對明 사대의 의례로 정착해 갔다. 명을 대하는 조선의 자세는 더욱 낮아졌으며, 조선에 온 명의 사신은 더욱 거만해졌다. 그러한 변화는 명의 파병으로 나라를 구하게 된 임진왜란을 계기로 한층 뚜렷해졌다. 예컨대 선조는 명의 장수 이여송李如松을 접견한 자리에서 황은에 감사하는 뜻으로 북경을 향해 5배3고두를 자청해서 거행하였다.

아버지와 아들의 관계로

1522년 조선의 사신 강징姜澂은 명의 예부에게 황실의 경사를 조선이 알지 못하는 경우가 많으니 앞으로 예부가 요동에 내리는 모든 통고를 요동이 등사하여 조선에 전해 줄 것을 청하였다. 명의 예부가 지방과 번국에 경사를 통고하는 수준이나 절차는 달랐다. 결과적으로 강징은 조선을 명의 지방과 차별하지 말 것을 요구하였던 셈이다. 강징의 요청은 조선 조정의 지시가 아니라 그의 임의적 행동이었다. 이를 두고 강징을 문책해야 한다는 조정의 여론이 일지만 중종은 묵살하였다. 중종은 내심 강징의 행위를 지지하였다.

명의 황제는 조선이 비록 이적夷狄이나 예의의 나라로서 알리지 않았는데도 자진하여 태묘에 생부를 추존하는 일에 진하사를 파견하는 등 내복內服과 다를 바 없다는 이유를 들어 강징의 청을 수락하였다. 그러면서 그것이 중화와 이적을 하나로 통합하는 거룩한 뜻이라고 하였다. 이 일을 계기로 조선은 번국의 지위에서 사실상 명의 지방으로 내려앉았다. 중종은 명의 황제가 조정의 각 기관과 지방관에 내린 명령이 자신에게도 해당하는지에 촉각을 곤두세웠다.

그와 더불어 조선은 명과의 관계를 기존의 군주와 신하의 관계를 넘어 아버지와 아들의 관계로 간주하기 시작하였다. 명을 아버지의 나라로 칭하는 일은 이전에도 있었지만 어디까지나 외교문서 상의 투식을 넘지 않았다. 중종의 시대를 거치면서 명을 아버지의 나라로 부르는 것은 조정의 공적 논의에서나 민간의 사사로운 대화에서 조금도 어색하지 않은 친숙한 관념으로 정착하였다. 신하들과의 권력 게임에서 명 황제의 권위를 이용하고자 했던 중종의 정치적 책략만도 아니었다. 조선왕조의 국가체제가 그러한 방향으로 중국과의 관계를 몰아가는 요인을 내장하고 있었다.

앞서 소개한 대로 세종은 조선의 국가체제를 천자-제후-대부-사-서의 위계로 이어진 예의 국제질서로 정비하였다. 세종이 왕례를 가례로 바꾼 것처럼 상하 위계를 통합하는 예의 근본은 부자 관계의 효孝였다. 충忠도 중요하지만 효가 근본

적이었다. 충은 가변적이었다. 주지하듯이 맹자孟子는 백성이 군왕을 갈아치우는 역성혁명을 정당화하였다.[20] 군왕이 천명을 어기고 폭정을 행할 때 그렇다고 하였다. 그렇지만 아버지는 어떤 경우에도 갈아치울 수 없다. 오히려 효자는 아버지가 악할 때 진정한 효자로서의 면모를 보이는 법이다.

조선왕조의 국가체제는 효의 규범을 최고의 윤리로 받들었다. 때때로 효와 충은 충돌했지만 언제나 효가 충을 압도하였다. 조선의 국왕은 효의 지극한 모범이지 않으면 안 되었다. 연산군과 광해군光海君이 신하들에 의해 축출된 것은 대비를 능욕하거나 폐출하는 등 효의 규범에 도전하였기 때문이다. 국왕이 누리는 권위의 원천으로 중국 황제와의 관계 역시 그 본질은 효였다. 그렇게 조선의 국가체제는 명과의 사대관계를 정치적인 군신관계에서 인륜의 부자관계로 심화시켜 갈 수밖에 없는 필연성을 안고 있었다. 중종조 이후 조선을 찾은 명의 사신들은 조선이 명을 부모의 나라로 섬김에 있어서 어떠한 가식도 없음을 보고 깊은 감명을 받았다.

혈통으로서 소중화

앞서 소개했듯이 중국을 세계의 중심으로 간주하는 관념이 정치·군사의 수준을 넘어 문화의 수준에서 관찰되는 것은 몽골 지배하의 고려 시대부터이다. 원의 수도로 모여든 각국의 재화, 종교, 과학, 학문은 고려인들에게 유라시아 대륙을 포괄하는 진정한 의미의 세계를 보여주었다. 드넓은 공간의 중심은 중국이었다. 그 중국을 몽골 출신의 원이 지배하였다. 그래도 중국이 세계의 중심으로서 중화中華인 점에는 변함이 없었다. 이승휴李承休는 원을 중화의 정통으로 인정했으며, 이색李穡도 미증유의 제국을 이룩한 몽골의 원을 세상의 중심이자 교화의 주체로 간주하였다. 고려인의 중화 관념은 한족漢族 중심의 혈통에 구애되지 않았다. 이적이라도 중원을 차지하여 천하를 교화하고 태평케 하면 그것이 곧 중화였다. 고려의 지식인들이 보유한 중화 관념은 중국이라는 지리 조건 위에 교화라는 문화 조건을 중시한 보편적 문명사관으로서의 소양을 갖추고 있었다.

반면에 조선의 지식인들은 중화의 혈통, 곧 피의 순수성을 중시하였다. 명은 한족이 세운 한漢, 당唐, 송宋을 잇는 제국이기에 진정한 중화였다. 이적이 세운 요遼, 금金, 원元은 중화가 아니었다. 뒤이어 등장한 17~19세기의 청淸도 중화가 아니었다. 만주의 여진족이 세운 나라이기 때문이다. 진정한 중화는 지리와 문화의 조건만으로는 부족하고 혈통의 조건을 갖추어야 했다. 조선왕조의 국가체제에 있어서 최고의 윤리 규범은 효였다. 효의 근원은 아버지와 아들의 관계로서 곧 혈통이다. 그렇게 윤리의 근원이 혈통일진대 명 황제와 조선 국왕의 관계도 점차 혈통의 부자 관계로 의제화할 수밖에 없었다. 16세기에 이르러 조선은 명을 어버이의 나라로 섬겼다. 그 같은 역사적 추세에서 조선은 점차 피가 순수한 종족으로 바뀌어 갔다.

다시 말해 명이 혈통에서 중화인 것과 마찬가지로 조선은 혈통에서 소중화小中華였다. 조선의 피는 화종華種인 중국만큼 순수하지는 않지만, 여진이나 왜와 같은 이종夷種보다는 순수한 준화종準華種이었다. 준화종으로서 곧 소중화였다. 열등한 종류種類[21]는 조선 내에서도 있었다. 이전의 책 『세종은 과연 성군인가』에서 강조했듯이 조선의 국왕과 양반 관료는 노비나 기생을 그들과 상이한 종류로, 곧 거란, 여진, 왜와 같은 이종으로 감각하였다. 노비나 기생의 피는 양반과 달리 검푸르렀다. 정상의 인간이 아니었다. 조선의 지배계급은 피의 청탁에 기인한 종류의 감각에서 노비와 기생을 차별하였다.

그러한 감각에서 그들은 별 양심의 가책도 없이 노비와 기생의 인격과 권리를 부정하였다. 노비는 함부로 죽여도 죄가 되지 않았다. 노비가 양인과 낳은 자식은 죄다 노비였다. 세계사에서 유례를 찾기 힘든 악성의 종천법從賤法이었다.

16~17세기 노비가 전체 인구의 근 4할로 팽창한 것은 조선의 지배계급이 보유한 이 같은 종성 관념에 의해서였다. 그러한 현상은 조선왕조 고유의 국가체제에 기인한 필연의 소산이기도 하였다. 천자를 정점으로 한 예의 질서로서 조선왕조의 국가체제는 화종華種-준화종準華種-이종夷種의 위계로 짜인 혈통에 기초한 국제질서이기도 하였다. 그러한 국제질서의 대내적 투영으로 생겨난 이종이 곧 인구의 4할에 달했던 노비였다. 조선 500년간 어느 정치가와 학자도 노비를 해방하라고 주장하지 않았다. 노비제가 조선왕조의 국가체제에 너무나 깊숙이 침투한 유전자를 이루었기 때문이다.

큰 은혜에 보답코자

1592년 일본의 군사적 침입을 맞은 조선왕조는 종주국 명이 군대를 보내 구원해 준 덕분에 나라를 보전하였다. 이후 조선의 지배층은 조선이 명으로부터 '재조再造의 은혜'를 입었다고 간주하였다. 왕조의 창업을 승인하고 국호를 내려준 것이 첫 번째 지음의 은혜요, 군대를 보내 왜적을 물리쳐준 것이 두 번째 지음의 은혜라는 뜻이다. 명을 아버지의 나라로 섬기는 조선의 자세는 임진왜란을 계기로 더욱 굳건해졌다.

이후 만주 대륙에서 여진족이 발흥하여 청을 세우고 결국 중원을 차지하는 국제환경의 일대 변고가 발생하였다. '화이변태華夷變態'라 했던가. 중화와 오랑캐가 뒤바뀌는 엄청난 변고였다. 조선의 입장에서는 인정할 수도 없고 적응할 수도 없는 변고였다. 그 경직된 자세로 인해 조선은 두 차례에 걸친 청의 침입을 초래하고 결국 항복하였다. 1637년 인조仁祖는 삼전도에서 청 태종에게 3배9고두를 거행함으로써 그의 신하가 되었다. 그 대가로 인조는 종묘사직을 보전하고 국왕의 자리를 누릴 수 있었지만 그의 신료와 백성에게 해명하지 않으면 안 될 엄청난 불륜을 저지르고 말았다. 아버지와 아들의 관계는 하늘이 내린 어떤 경우에도 끊어지지 않는, 절대적 관계이다. 인조는 청에 항복하고 청의 신하가 됨으로써 아버지를 바꾼 셈이나 다를 바 없었다. 효를 윤리의 근원으로 하는 조선왕조의 국가체제가 일대 위기에 봉착하였다. 천운天運과 무위武威의 성쇠에 따라 충의 대상은 바뀔 수 있다는 정치학은 조선 성리학의 정신세계와 무관하였다.

심각한 체제 위기에 직면하여 조선왕조의 지배층은 청에 저항하다 죽은 학사學士들을 현창하였다. 그들의 뜨거운 충간忠肝은 조선의 선비들이 월왕越王 구천句踐이 나라를 회복하기 위해 매일 씹은 쓸개와도 같은 것이었다. 그 상담嘗膽의 비원을 담아 조선의 지배층은 청을 정벌하겠다는 북벌론을 일으켰다. 그에 관해 국왕과 대신이 나눈 담화를 보면 그들이 청의 군사력이나 국제 동태에 얼마나 무지했는지를 알 수 있다.[22] 한마디로 그들은 허황한 꿈을 꾸었다. 북벌론은 서울 주변에 배치된 국왕의 친위부대를 강화하는 효과에 그쳤다.

1680년대에 들어 청은 삼번三藩의 난을 진압하고 대만에서 농성 중인 명의 잔당을 소탕하였다. 이후 강희康熙, 옹정雍正, 건륭乾隆 3대에 걸쳐 청은 이전 시대가 알지 못한 성세盛世를 구가하였다. 청 제국의 판도는 몽골, 티베트, 신강을 포함하여 중국 역사상 최대의 크기로 확장되었다. 사천, 섬서 등의 내륙이 활발히 개간되고, 인구가 3배 이상 증가했으며, 시장과 농촌공업이 발전하였다. 18세기에 걸쳐 청은 세계에서 가장 강력한 나라였으며, 국민소득은 세계 총소득의 30% 이상에 달하였다.[23]

청 제국의 융성과 더불어 조선왕조의 북벌 대의는 조용히

시들었다. 국가 정체성의 위기는 다른 방식으로 대처되어야 했다. 1703년 지배 정파 서인西人의 영수 송시열宋時烈의 유언에 따라 임진왜란 때 원병을 보내준 명의 만력제萬曆帝를 제사하는 만동묘萬東廟가 충청도 화양에 건립되었다. 나는 이즈음 조선왕조는 예의 무정부 상태에 들었다고 생각한다. 제후가 엄연히 존재하는데 대부와 사의 무리가 감히 천자를 제사하겠다니. 그것은 제후인 왕을 업신여기는 참례僭禮였다. 숙종은 그것을 진압할 권위와 능력이 없었다. 그 대신 그는 왕궁의 후원에 보다 큰 규모의 대보단大報壇을 건립하고 만력제를 직접 제사하는 방식으로 건방지기 짝이 없는 대부와 사의 무리를 눌렀다. 왜적을 격퇴해 준 큰 은혜에 보답한다는 취지의 제단이었다.

1704년 12월 대명신종황제신위大明神宗皇帝神位가 모셔진 대보단이 건립되었다.[24] 1705년 3월 숙종은 친히 백관을 대동하고 대보단에 제사를 올렸다. 예조참판이 지은 제문은 구구절절 조선이 존주尊周의 의리와 중화의 적통에 충실할 것임을 다짐하였다. 제단의 춤은 천자의 예인 팔일무八佾舞로 추었고 이를 위해 새로운 악장이 제작되었다. 숙종은 세 잔의 술을 올리고 신이 흠향하고 복을 내리자 그것을 마셨다. 궁으로 돌아와선 친제親祭의 소감을 시로 지으니 15명의 근신이 화답의 시를 올렸다.

눈물은 옷깃을 적시고

1749년 영조는 대보단을 증축하고 만력제에 더하여 명의 건국자인 홍무제洪武帝와 마지막 황제인 숭정제崇禎帝를 추가로 배향하였다. 나아가 영조는 세 황제의 기일만이 아니라 즉위일에도 제사를 거행케 하였다. 거기에다 3월의 춘향대제春享大祭를 더하니 대보단의 연중 제사는 무려 7회에 달하였다. 홍무제의 배향을 둘러싸고서는 영조와 신료들 사이에 의견의 대립이 있었다. 신료들은 홍무제가 조선에 특별히 베푼 은혜가 없다고 주장하였다. 영조는 만력제가 재조의 은혜를 베풀었다면, 홍무제는 조선의 창업을 승인하고 국호를 내림으로써 대조大造의 은혜를 베풀었다고 반박하였다.

홍무제와 숭정제를 추가 배향함으로써 대보단의 정치적 의의는 만력제의 큰 은혜에 보답하는 수준을 넘어섰다. 대보단은 홍무에서 시작하여 숭정에서 끊어진 명 황실의 제사를 복구함으로써 중화의 적통이 소중화 조선으로 이어짐을 다른 무엇보다 뚜렷하게 드러내는 상징으로 승화하였다. 그를 통해 영조는 국왕의 권위에 끊임없이 도전하는 신료들을 효과적으로 제압하였다. 중종이 진하사의 잦은 파견을 통해 그의 권위를 확보하려 했듯이 영조는 대보단의 제례를 강화함으로써 같은 효과를 거두고자 하였다.

그 같은 국내 정치의 맥락이 더해진 가운데 영조의 대보단에 대한 집착은, 계승범에 의하면, 거의 병적인 수준에 가까웠다. 제삿날이 아닌데도 궁궐에서 문득 세 황제의 신위가 놓인 대보단을 향해 망배례를 행한다든가, 절을 하는 데 오래 부복하여 동궁이나 신료가 억지로 일으켜야 마지못해 일어난다든가, 대보단 주위의 나무를 함부로 베었다는 죄목으로 수직守直 관원을 처벌하고 몸소 부복하여 황령皇靈에 사죄한다든가 등등 영조의 행태는 병적이라는 표현이 지나치지 않을 정도였다.[25]

정조의 대보단에 대한 집착도 영조에 못지않았다. 계승범에 의하면, 1년에 한 번 이상 대보단에 친히 거둥하여 제사를 올린 빈도에 있어서 정조는 영조를 능가하였다.[26] 정조는 그때마다 황은에 감읍하면서 중화를 기리는 시를 지었다. 그러자 신하들이 그에 화답하는 시를 올렸다. 1796년의 경우 답시를 지어 올린 신하가 무려 1,038명에 달하였다. 대보단 제례에 임하는 정조의 마음가짐과 행동거지가 어떠했는지는 다음의 인용문에 잘 나타나 있다. 1793년 대보단의 춘향대제를 마치고 내린 교지이다.

> 우리 동국이 우리 동국일 수 있는 까닭은 이 두어 척의 제단이 있기 때문이다. 아마 천하 만대에 길이 할 말이 있을 것이다. 그런데 구주九州가 어두워서 사해四海에 (오랑캐의) 누린내가 가득하니 양양洋洋하신 황제의 혼령이 우리 동방에 오지 않으면 어디로 돌아가겠는가. 제물을 올리고 몸을 일으키고 구부리는 사이에 눈물이 옷깃을 적시는 줄을 깨닫지 못하였다.[27]

이렇게 정조는 세 황제에 대한 제사를 거행하면서 옷깃을 적실 정도로 많은 눈물을 흘렸다. 오랑캐의 누린내가 가득한 중원을 피하여 동국을 찾아온 황제의 혼령에 감읍해서였다. 나는 옷깃을 적실 정도로 눈물을 흘렸다는 정조의 말을 액면 그대로 받아들인다. 장면을 상상해 보자. 궁중 후원 깊은 곳의 깊은 밤이었다. 나졸들이 횃불을 밝힌 가운데 백관이 제단의 뜰에 도열하고 부복하였다. 정조는 몇 명의 대신과 함께 황제의 혼령을 부르고 대접하고 보내는 절차를 몇 시간에 걸쳐 정성껏 거행하였다. 그렇게 다수의 사람이 참여한 공식 의례인데 어찌 흘리지도 않은 눈물을 흘렸다고 거짓을 말하거나 과장을 했겠는가. 정조의 하염없는 눈물을 이해하기 위해선 당대인들이 일상적으로 호흡했던 삶과 죽음의 원리, 그에 규정된 귀신과 제사의 의미를 이해할 필요가 있다.

귀신과 제사

유교의 세계에서 사람의 생명은 혼魂과 백魄의 결합이다. 사람이 죽으면 혼은 공중으로 흩어지고 백은 땅으로 스민다.[28] 죽은 지 얼마 동안 혼과 백은 생기를 유지한다. 그래서 후손이 제사를 통해 부르면(招魂) 공중의 혼과 땅의 백은 다시 결합하여 후손을 찾아와(降神) 술과 음식을 먹고(歆饗) 복을 내린다(降福). 그리고선 다시 공중과 땅으로 돌아간다(返魂). 세월이 오래 지나면 혼과 백은 완전히 생기를 잃고 사라지고 만다. 마치 화롯불이 서서히 식어서 결국 차가운 재가 되는 이치와 동일하다.

이상이 중국 상대의 『주례周禮』에서 정립된 유교의 생명관과 제사관이다. 여기서는 이승과 절대적으로 분리된 저승의 세계가 존재하지 않는다. 죽은 자의 혼과 백은 한동안 이승을 맴돌다 결국 소멸한다. 그러다가 오묘한 태극의 작용을 받아 혼과 백은 다시 결합하여 새로운 생명체로 태어난다.

불교가 지배한 고려 시대까지의 생명관이나 제사관은 이와 달랐다. 사람은 죽으면 이승과 영원한 결별을 고하고 돌아오지 못할 강을 건너 저승으로 향한다. 거기서 평생에 행한 선과 악에 따라 극락행과 지옥행으로 갈라진다. 또는 전혀 다른 인간이나 동물로 이 세상에 환생하니 곧 영겁의 윤회輪回이다. 그래서 고려인들의 제사는 대개 절에 가서 조상의 극락왕생을 기원하는 불공의 형식이었으며, 집집마다 제사를 거행하는 풍속은 존재하지 않았다. 장례의 방식도 화장火葬이 일반적이었다. 반면 유교의 시대 조선이 되면 장례의 방식은 토장土葬으로 바뀐다. 백이 돌아갈 곳이기 때문이다. 제사도 집집마다 거행하는 가례로 바뀐다. 불교 시대에서 유교 시대로의 전환은 이 같은 생명관, 저승관, 그에 규정된 제례의 일대 단절이라는 꽤 심각한 변화를 동반하였다.

유교의 세계에서 죽은 사람의 혼과 백이 생기를 유지하는 기간은 생시의 관직이나 학덕과 밀접한 관련이 있었다. 앞서 설명했듯이, 그에 대해 『주례』는 천자는 7대代, 제후는 5대, 대부는 3대, 사는 2대, 서는 1대라고 하였다. 그렇게 대가 다하면 죽은 사람에 대한 제사를 멈추고 그의 신주를 땅에 묻었다(埋神). 이 같은 유교 본래의 제사 방식은 조선 시대에 들어 전통문화와 상호작용하는 과정에서 조선 고유의 형태로 정착하였다. 그 전통문화는 불교의 시대보다 더 연원이 깊은 것이었다.

그 하나는 토지에 길하거나 흉한 기맥이 흐른다는 관념이다. 토지기맥론土地氣脈論은 불교로 인해 화장의 방식을 택한 고려 시대까지만 해도 그리 큰 위세를 떨치지 못하였다. 토지기맥론은 조선 시대 이후 토장의 풍속이 생겨나면서 점점 강세를 떨치기 시작하였다. 땅에 묻힌 백은 원래 일정 기간이 지나면 완전히 소멸해야 마땅하지만, 조선 시대의 백은 영원불멸이었다. 토지기맥론의 작용을 받아서였다. 조선 시대에 조상의 묘를 중시하는 장례와 제례가 생겨난 것은 이 때문이었다. 아버지가 죽으면 아들은 무덤 옆에 초막을 짓고 2년간 시묘侍墓살이를 하였다. 시묘살이가 끝나도 해마다 정기적으로 묘제墓祭를 거행하였다. 아무리 먼 조상이라 해도 묘가 있는 한 묘제를 멈출 수는 없었다. 묘에 담겨 있는 조상의 백이 불멸이기 때문이다.

백이 불멸의 기운으로 되자 혼도 불멸의 기운으로 변해갔다. 여기엔 역사와 함께 오래된 전통 종교인 무속巫俗, 곧 샤머니즘의 작용이 중요하였다. 샤머니즘의 세계에서 죽은 자의 영혼이 돌아갈 저승은 없거나, 혹시 있더라도 이승과의 경계가 애매하였다. 죽은 자의 영혼은 산 자의 세계에서 떠돌았다. 특히 한을 품고 억울하게 죽은 자의 영혼이 그러하였다. 그러다가 샤먼의 매개를 통해 산 자와 대화하고 원한을 풀거나 산 자를 축복하였다. 심한 경우 다시 생명을 얻어 이승으로 복귀할 수조차 있었다.

이 같은 전통문화와 유교 본래의 사생관과의 상호작용으로 조선 고유의 친족집단이 생겨났다. 중국에서는 대개 4대 조상, 곧 고조高祖를 같이 하는 혈연이 하나의 친족집단을 이루었다. 5대 이상이면 친족이 아니었다. 그에 비해 조선에서는 대종大宗이니 불천위不遷位니 하는 종宗를 중심으로 친족집단이 5대 이상으로 무한히 확산될 수 있었다. 묘제가 거행되면 원근 각지의 후손은 대수代數의 제한 없이 모두 모였다. 그 결과 생겨난 것이 세계적으로 유례가 드물다는 한국의 족보이다. 족보를 통해 10대, 20대의 아마득한 조상을 공유하는 한국인의 친족문화는 15세기 이래 전통문화와 외래 유교와의 상호작용으로 생겨난 것이다.

제삿날이 다가오면 제주祭主는 사흘 전부터 바깥출입을 삼가고 목욕재계를 하고 경건히 조상신을 맞이할 준비를 한다. 제사를 맞아 조상신을 부르면 공중의 혼과 땅의 백이 생시의 모습으로 찾아와 제상祭床에 앉는다. 제주와 후손들이 절을 올리고, 정성껏 준비한 음식과 술을 바친다. 조상신이 잡수시는 동안 제주와 후손들은 국궁의 자세로 배석한다. 배불리 먹고 마신 뒤 조상신은 제주와 후손들에게 축복을 내린다. 조상신의 모습을 접하는 제주의 눈에는 감동과 감사의 눈물이 고인다. 이윽고 제주는 조상신을 보내는 의식을 거행한다. 조상의 혼과 백은 공중과 땅으로 돌아간다. 이 일련의 제례 절차에서 제주의 역할은 죽은 자의 영혼을 접하고 산 자에 매개하는 샤먼의 그것과 크게 다르지 않다.

나는 1793년 정조가 대보단에서 명의 세 황제에게 제사를 올리면서 옷깃이 젖도록 눈물을 흘렸다는 고백을 이상과 같은 맥락에서 충분히 납득하고 있다. 죽은 지 400년이 된 홍무제의 혼을 불러낸 것은 그것이 불멸이기 때문이다. 중원을 떠도는 그 외로운 혼이 동국의 부름을 받아 찾아왔다. 빙그레 웃으며 제상에 앉는 홍무제의 모습에 정조는 놀라고 감복하였다. 뒤이어 만력제와 숭정제가 차례로 모습을 드러내 제상에 앉았다. 음식과 술을 올리는 정조의 손은 이미 더할 수 없는 감동으로 심하게 떨렸다. 흠향을 마친 세 황제가 강복을 하는 대목에 이르러 정조는 눈물을 참지 못한다. 눈물은 옷깃을 듬뿍 적셨다. 그렇게 세 황제를 모시고 보내는 사이 정조는 자신의 왕조가 명의 진정한 계승자임을 재확인하였다. 제

[자료14] 태평성시도 3, 4폭(국립중앙박물관 소장)

례를 마친 정조가 감격의 시를 읊고 신하들이 그에 화답하는 조정의 모습은 그 같은 다짐이 오가는 자리이기도 하였다.

성시전도

대보단에서 하염없이 눈물을 흘리기 1년 전인 1792년, 정조는 궁중의 화원畫員들로 하여금 한 폭의 성시전도城市全圖를 그리도록 하였다. 조선왕조의 왕도인 한성부漢城府의 산천, 성곽, 궁궐, 시전市廛의 풍물을 그린 그림이었다. 그림이 완성되자 정조는 규장각 각신閣臣들을 불러 그림을 감상케 한 다음 각기 100운韻의 시를 짓도록 명하였다. 성시전도는 이후 1842년까지 모두 여섯 차례 더 그려졌다.[29]

2002년 국립중앙박물관은 그 성시전도 중 하나를 「태평성시도太平城市圖」란 이름으로 공개하였다. 그 소식에 나는 마음이 설레었다. 18세기 서울의 모습은 대체 어떠했을까라는 평소의 궁금증에서였다. 공개 당일 서둘러 그림 앞에서 선 나는 점점 커지는 당혹감에 어쩔 줄 몰랐다. 그림의 대상은 분명히 한성부이다. 곳곳에 18세기의 유명한 화가 김홍도金弘道가 그린 조선 고유의 풍속화를 저본으로 한 장면이 있기 때문이다. 그런데 궁궐과 시전의 건축물, 도로에 펼쳐진 풍물, 인간들의 복식은 조선의 것이 아니었다. 크게 말해 중국의 것이었다.[30]

[자료15-1, 2, 3, 4]

건축물의 기둥은 붉은색으로 칠해지고, 지붕은 원형이거나 육각형이기도 하고, 처마 끝이 가파르게 솟아 있다[자료15-1]. 중국식 건물이다. 개천의 다리는 아치형인데, 이 역시 중국식이다[자료15-2]. 거리엔 말이 끄는 화려한 수레가 다니고 있다[자료15-3]. 당시 조선에서는 수레가 없었다. 시전의 중심가에는 큰 낙타 두 마리가 걷고 있다[자료15-4]. 원숭이 두 마리가 장대에 올라 재주를 부리는 장면도[자료15-5], 사슬에 매인 호랑이가 구경꾼에 둘러싸인 장면도[자료15-6] 있으며, 인적이 한산한 구석에는 사람 하나를 태운 코끼리가 외로이 있기도 하다[자료15-7]. 이들 모두 18세기 한성부의 현실과 거리가 먼 이국의 풍물이다.

[자료15-5, 6, 7]

무엇보다 사람들의 모습이 조선인이 아니었다. 그 점이 나를 가장 당혹스럽게 만들었다. 김홍도가 그린 여러 풍속화는 18세기 조선의 두식頭飾과 복식服飾을 매우 사실적으로 묘사하였다. 그에 의하면 양반 신분의 인물은 채양이 넓은 갓을 썼으며, 흰색이나 하늘색의 소매가 넓은 도포를 입었다. 도포 위 가슴에는 지위에 따라 색깔이 다른 술띠를 둘렀다[자료16-1]. 상민 신분의 두식은 맨 하층의 천민은 더벅머리거나 상투머리이지만 보통은 벙거지를 썼다. 복식은 작업복으로써 위는 저고리를, 아래는 잠방이를

걸쳤으며, 형편이 좀 좋은 상민은 외출 시에 창옷이나 중치막을 입었다[자료16-2].[31]

「태평성시도」에 나타난 두식과 복식은 이와 달랐다. 간혹 조선식이 없지 않지만 거의 대부분 중국식이거나 보다 정확히 말해 국적 불명이다. 정부의 고위 관리들이 쓴 관모는 쌍각雙脚이 길게 뻗거나 늘어진 형태로서 조선의 관모가 아니다. 그것은 중국 송·명의 그것도 아니며 엄밀히 말해 중국 당대唐代나 오대五代의 그것으로 소급한다.[32] 상민 신분의 두식은 대개 두건을 썼는데, 머리를 뒤쪽에서 묶은 형태도 있다. 상민의 저고리를 보면 왼쪽 깃이 오른쪽 깃을 덮은 좌임左衽이다. 그 점에서 깃이 원형인 중국식의 단령團領과 상이하다. 그렇다고 완전하게 조선식도 아니다. 좌임을 한 위에 저고리의 고름은 매지 않았으며, 허리에는 굵은 띠를 두르고 있

[자료16-1, 2, 3]

다[자료16-3]. 상민의 요대腰帶 그것은 조선의 복식이 아니다. 한마디로 「태평성시도」에 나타난 약 2,000여 명에 달하는 상민 신분의 두식이나 복식은 그 국적이 불명이다.

짐작컨대 성시전도를 그리라는 임금의 명을 받은 화원들은 어떻게 그릴지 고민하였다. 20세기 초의 사진 자료에 의하면 서울 시내의 집들은 궁궐이나 소수의 양반가 저택을 제외하곤 대체로 초가집이었다. 그들은 한성부를 있는 그대로 그리기보다는 직접 보지는 않았지만 중국을 다녀온 사신들이 전하는 북경의 모습을 그리는 편이 좋겠다고 생각하였을 것이다. 임금을 위시한 조선의 지배층이 한성부를 즐겨 당의 낙양洛陽, 송의 변경汴京, 명의 남경南京에 비유하는 풍조를 그들은 잘 알고 있었다. 그들은 한성부를 중국사의 역대 황도皇都로 그리는 것이 임금의 뜻에 부합할 것으로 판단하였다. 그들의 판단은 적중하였다. 정조와 그의 근신들은 그림에 나타난 한성부의 풍요로움과 태평함에 더 없이 만족하였다.

1792년 성시전도시를 지은 사람들과 그들의 작품이 전하고 있다. 정조로부터 제3등으로 평가받은 규장각 검서관 이덕무李德懋는 처음 성시전도를 보았을 때 "예전에 「청명상하도淸明上河圖」를[33] 본 적 있어 눈을 비비며 혹 변수汴水인가 의심하였네"라고 하였다.[34] 제1등의 영광을 안은 병조정랑 신광하申光河의 시는 다음과 같이 노래하였다.

장엄하구나 성시전도여壯哉城市之全圖
장안과 낙양 어디와 닮았나長安洛陽誰得似
(중략)
성시는 예로부터 아름답고 화려한 땅이라城市自古佳麗地
화려한 물색과 번성함이 이와 같구나物華全盛乃如此
예전에 듣기로 송나라에 오얏꽃 하얗게 필 때昔聞宋朝李白時
모습 드러낸 변경은 아름답기가 비할 데 없었네貌出汴京工無比
또 듣기로 명나라 궁정화가 구십주는又聞皇明仇十洲
금릉을 한 폭 오송지에 담았는데金陵全幅吳淞紙
궁궐과 도성거리 눈앞에서 보는 것 같고皇居帝里若目擊
광대한 금릉의 성시 손바닥 보는 듯하네地負海涵如掌指.[35]

2002년 국립중앙박물관이 공개한 「태평성시도」는 1792년 신광하가 감상했던 성시전도 그것은 아니다. 이후 여러 차례나 더 그려진 성시전도 중 하나일 터이다. 선배 화원들이 그린 한성부의 풍물은 후배들에 의해 충실히 계승되었다. 오히려 더 중국풍으로 과장되었을 터이다. 그래서 끝내 종로 거리에 낙타의 행렬, 원숭이와 호랑이의 서커스까지 등장하게 되었다. 어쨌든 1792년 신광하, 이덕무 등은 눈앞의 성시전도에서 중국 역대의 황도를 보았으며, 거꾸로 조선의 한성부가 그같이 화려무비한 도시라는 환상을 공유하였다.

내가 「태평성시도」 앞에서 당혹감을 느낀 것은 아직 내 학문이 미숙해서였다. 이 장의 초두에 소개한 "동굴의 우화"로 다시 돌아가자. 조선왕조 개국 이래 하늘이 닫히고 바다가 장벽으로 변하였다. 이래 400년간 인간들은 조선왕조라는 동굴 속에 갇히고 묶였다. 그들이 묶인 장벽 뒤에서 타오르는 모닥불은 종주국 명으로부터의 불빛이다. 인간들은 그 불빛이 만들어내는 허상을 실체로 인식하고 나아가 확신한다. 그런 사이 그들은 그들이 살고 있는 국가와 수도와 인간들 모두가 중국의 일부임을 자각하고 더없는 자부심으로 들뜬다. 「태평성시도」는 그러한 18세기 조선왕조를 둘러싼 환상과 위선의 시공時空을 나에게 생생한 모습으로 일깨워 주었다.

정지된 시간

대보단 제사는 19세기에도 면면히 이어졌다. 다만 순조純祖, 헌종憲宗, 철종哲宗 연간을 거치면서 국왕이 제사를 친히 거행하는 빈도는 현격히 낮아졌다. 대보단으로 상징되는 존명사대尊明事大의 의리는 형식으로만 남기 시작하였다. 그와 보조를 맞추어 세도 가문이 발호하고 국왕의 권력이 현저히 약화한 것은 대보단 제사가 지닌 정치적 의의를 고려할 때 당연한 일이었다. 다른 한편, 중국과의 접촉을 독점해 온 서울과 경기의 이른바 경화사족京華士族을 중심으로 해서는 그들이 경멸해 온 청이 냄새나는 오랑캐가 아니고 세계의 중심이며, 이에 청의 문물을 학습할 필요가 있다는 북학파北學派라는 새로운 학풍이 일어났다.[36]

그럼에도 불구하고 대보단이 상징하는 존명사대의 의리를 대체할 다른 세계관은 발붙일 여지가 거의 없었다. 조선은 여전히 명 황실의 계승자로서 소중화이자 중화 그 자체였다. 조선왕조를 국망으로 이끈 고종高宗의 역사의식과 세계관은 여기서 한 걸음도 나아가지 못했다. 1871년 대보단 제사를 친히 거행한 고종은 다음과 같은 시를 남겼다.[37]

> 아! 빛나는 황은 몇 백 년인가於赫皇恩幾百年
>
> 제단에 절하고 몸소 제물을 올리면서 풍천의 감회를
>
> 느낀다拜壇躬粿感風天[38]
>
> 우리 가문의 대의 해처럼 빛나니我家大義昭如日

한 부의 역사책으로 가히 후세에 전하리라一部麟經可以傳.

1876년 병자년의 대보단 춘향대제를 친히 거행한 고종은 다음과 같은 취지의 명을 내렸다. "아, 병자호란 당시의 일을 차마 말할 수 있는가. 충신과 열사들이 죽음으로 청에 저항하였다. 우리 조선의 인륜이 이로 말미암아 심어졌고 국맥이 지금까지 이어질 수 있었다. 이제 다시 병자년을 맞이했으니, 당시 죽은 충신과 열사를 모신 사우祠宇에 제물을 내리고 그들의 후손들을 관리로 채용하라."[39] 1876년이면 일본과의 개항이 이루어진 해이다. 이후 제국주의 시대가 찾아왔다. 그 파란만장한 시대의 조선왕조를 지탱한 것은 이 같은 존명사대의 큰 의리였다.

1893년 바야흐로 청과 일본이 조선의 종주권을 놓고 피할 수 없는 대결로 치닫는 국제정세였다. 그해의 대보단 제사를 거행한 고종은 다음과 같은 시를 남겼다.

빛나고 빛난 황령 엄연히 임재하시니赫赫皇靈儼有臨
풍천의 감회로 이 밤이 깊도다風泉遺憾此宵深
신과 민의 온 나라 존주의 대의를 받드니臣民擧國尊周義
한 부의 역사책으로 만고의 마음에 남으리라一部陽秋萬古心.[40]

앞서 소개한 그것과 대동소이하다. 고종은 임박한 전쟁에서 청이 승리할 것을 믿어 의심치 않았다. 그의 기대와 달리 전쟁의 승자는 일본이었다. 일본군이 한성부를 점령하고 일본의 지지를 받은 정치세력이 집권하여 근대 지향의 개혁을 단행하였다. 대보단의 제사는 이때 막을 내렸다. 그렇지만 대보단이 상징하는 조선의 역사관과 세계관은 1897년 고종의 황제 즉위에 임하여 다시 한번 빛을 발하였다. 황제에 즉위코자 하는 고종을 그의 신료들은 "조선은 요순 이래 성인의 법도를 계승해 온 소중화의 나라로서 스스로 칭제稱帝할 자격이 충분하다"는[41] 이유로 지지하였다. 그가 황제 즉위를 위해 세운 원구단圜丘壇은 대보단의 충실한 재현이었다.

비록 국가체제를 황제의 나라로 바꾸었지만 고종의 역사관과 세계관은 이후에도 요지부동이었다. 황제로 즉위한 다음 해인 1898년, 고종은 1830년 조선왕조가 중국에서 필사해 온 『황명실록皇明實錄』을 열독하였다. 그러면서 "우리나라가 중국 삼대三代의 법을 충실히 이어가고 있음은 모두 이 책을 그 법으로 삼았기 때문이다"고 감탄하면서 이 책을 자손만세에 전하여 영원한 보물로 삼아야 한다고 강조하였다.[42] 이 같은 조선왕조의 국왕을 위시한 지배층의 역사관과 세계관을 두고 계승범은 1644년 병자호란 이래 조선의 역사 시계는 더

이상 똑딱이지 않았다고 비유하였다.[43]

소중화 비교사

1492년 콜럼버스가 신대륙을 발견하였다. 1522년 마젤란의 함대는 지구를 한 바퀴 돌았다. 이후 스페인과 포르투갈이 주도하는 대항해시대가 열렸다. 벌써 1511년이면 포르투갈이 동남아 무역의 거점으로서 말라카를 점령했으며, 1554년엔 중국 광주에서 통상의 권리를 확보하였다. 1560년대가 되면 스페인이 필리핀을 점령하고 무역의 거점으로 마닐라를 건설하기 시작하였다. 중국의 거대한 재정은 세계 은 수요의 블랙홀이었다. 신대륙의 은은 포르투갈과 스페인을 통해 중국으로 흘러들었다. 바다를 무대로 한 교역의 파고가 높아지자 교통의 요지에 이를 중개하는 항시港市나 신흥국가가 들어섰다. 동남아, 남중국, 일본까지 연결하는 큰 바다를 무대로 한 해적들의 활동이 활발해졌으며, 그런 가운데 해상교역의 질서와 번영을 추구하는 군사 세력이 남중국의 연안에서 성장하였다.

오랜 전국시대戰國時代의 분열과 혼란을 겪던 일본이 1590년대에 이르러 통일국가의 성립을 본 것은 이 같은 대항해시대가 안겨준 선물이었다. 일본의 통일은 포르투갈 상인과 함께 들어온 철포鐵砲라는 병기를 구사하는 새로운 군사기술에 의해서였다. 1570년대 이후 황량한 만주 벌판에서 또 하나의 상업적 군사 세력이 성장하였다. 여진족의 군사적 성장을 가능케 한 것은 흑룡강 산림지대의 초피貂皮와 백두산의 인삼을 매개로 한 해상 세력과의 교역이었다. 크게 말해 1644년 청이 북경을 점령하고 중원 대륙을 차지한 일대 이변도 1570~1630년에 걸친 대항해시대가 안긴 선물이었다. 명 제국은 대항해시대를 맞아 바다와 변경에서 발흥한 신흥 군사 세력이 발산하는 원심력에 의해 해체되었다.

명은 40여 개의 조공국을 거느리면서 중화의 세계 질서에 집착하였다. 청은 상업적 군사 세력답게 그 질서에 그리 집착하지 않았다. 동남아의 조공국은 소수에 그쳤으며, 베트남과 타이가 강희康熙 연간(1662~1722)에, 라오스가 옹정雍正 연간(1723~1735)에, 비르마가 건륭乾隆 연간(1736~1795)에 각각 책봉 관계에 들어간 정도였다. 청의 조공국은 12개 정도로 줄어들었다. 조공의 빈도도 이전 시대에 비해 훨씬 느슨하였다. 베트남은 12년에 1회, 유구는 4년에 1회에 불과하였다. 청이 불러서 마지 못해 조공사를 파견하는 경우도 많았다. 상대적으로 느슨해진 중화의 질서 위에서 동아시아·동남아시아 각국은 각기 개성적인 전통사회를 형성하였다.[44]

청을 건립한 여진족은 혈통에 기초한 중화론을 타기唾棄하였다. 반청 세력을 소탕한 1680년대 이후 100년간, 청의 판도는 중국 역사상 최대로 확장되었다. 강희, 옹정, 건륭 세 황제를 거치면서 중국의 인구는 거의 3배나 팽창했지만, 1인당 생활수준은 하락하지 않았다. 중국 내륙이 활발히 개척되고 국내 상업이 번성하였다. 세 황제는 북방 유목민족의 칸과 전통 중국 황제의 모습을 겸비한 가운데 중국 역사상 드물게 보는 정치적 리더십을 발휘하였다. 그들은 "천하질서의 안정과 번영에 유익한 모든 도덕 규범"을 중화 문명의 본질로 규정하면서 사해를 일시동인一視同仁하여 화민성속化民成俗을 이룬 "동해의 성인 청 황제의 마음이야말로 요와 순 임금의 그것과 같다"고 주장하였다. 여진족을 오랑캐로 업신여긴 한족 출신의 오만한 선비들은 눈앞에서 전개되는 더할 나위 없는 태평성세의 모습에서 그 같은 보편적 문명론에 고개를 숙일 수밖에 없었다.[45]

강희 연간에 청과 조공-책봉의 관계에 든 베트남은 국제적으로 중화의 질서를 승인하고 그에 종속하는 형식을 취하였지만, 국내적으론 정치나 문화의 면에서 자국의 독립과 독자

성을 강하게 주장하였다. 베트남의 역사에서 민족의 영웅은 중국과 싸워 이긴 장군들이었다. 청에 복속한 뒤에도 여黎 왕조의 왕들은 황제를 자칭하였다. 여 왕조는 청과의 외교문서에선 청의 연호를 사용했지만, 국내용 문서에서는 자국 황제 고유의 연호를 사용하였다. 18세기 중엽 베트남은 남북으로 분열했으며, 1773년 서산당西山黨이 청을 격파하고 베트남을 통일하였다. 서산당의 광중제光中帝는 중국의 한자를 폐지하고 베트남의 고유 문자인 츄놈의 사용을 공식화하였다. 이후 프랑스의 도움으로 서산당을 물리친 베트남 최후의 완阮 왕조는 자국을 대남국大南國이라 칭하였다. 완 왕조는 국내 문서에는 자신을 청과 동일한 위치로, 즉 '중국'으로 칭하였다. 다시 말해 자국을 세계의 중심으로 놓고 청을 '북조北朝'로, 자국을 '남조南朝'로 호칭하면서 청과 자국을 대등한 국가로 설정하였다. 반면 라오스나 캄보디아에 발송한 베트남의 외교문서는 자국의 황제를 '대남국 대황제'로 칭하면서 그들을 속국으로 간주하였다.[46] 타이의 대중국 관계도 베트남과 같은 자세였다. 타이 방콕 왕조의 창업자인 라마1세가 청에 상주한 문서의 타이어 원문과 한어 역문은 상이하였다. 타이 역시 대내적으론 청과의 대등한 관계를 표방하였다.

일본 역시 자국을 세계의 중심으로 간주하였다. 그렇지만 그 근거는 중화의 질서라든가 유교적 예의의 실천 등과는 전혀 무관하였다. 일본에서 그러한 언설은 오히려 비웃음의 대상이 되었다. 세계의 중심이라는 일본의 관념은 한 번도 외국에 굴한 적이 없다는 고대 이래의 신국神國 관념, 천하를 통일한 풍신豊臣 또는 덕천德川 장군이 발휘하는 무력의 위광에 근거하였다. 거기에다 덕천 막부에 종사한 유학자들은 자국의 토지제도를 비롯한 제반 국가제도가 고대 중국의 성인이 마련한 『주례』의 그것과 별반 다르지 않다고 자부하였다. 이 같은 일본의 역사에 고착한 우월감은 앞서 소개한 청이나 동남아 제국, 나아가 후술하는 조선의 그것과 판이하였다.[47]

1636년 청에 복속한 조선은 이전의 명에 대해서와 마찬가지로 청과의 조공·책봉 체제에 들어갔다. 이후 1874년까지 238년간 조선은 총 474회, 연평균 2회의 사행단을 청에 파견하였다. 같은 기간 청이 조선에 파견한 칙사는 236회에 달하였다. 청과 조선의 관계는 조공·책봉의 국제 질서가 지향한 가장 모범적 사례를 이루었다. 그런데도 지금까지 서술해 왔듯이 조선은 그 마음에서 이미 망해 버린 명에 대한 사대 의리에 충실하였다. 조선은 명을 계승하는 소중화이자 나아가 중화 그 자체였다.

존명의리를 정립한 송시열은 중화를 예의禮儀의 주체로 간주하는 기능적 또는 보편적 화이관을 피력하였다. 그 역시 비록 이족夷族이라도 예의의 주체로 서면 곧 중화요, 비록 한족漢族이라도 예의를 상실하면 이족이라는 보편적 문명론을 고수하였다. 그것은 고려 이래로 대개의 유학자들이 자국을 소중화로 자부하면서 주창해 온 것으로 전혀 새롭지 않았다. 청의 강희, 옹정, 건륭 세 황제가 한족을 굴복시킨 바로 그 화이관이기도 하였다.

문제는 송시열을 비롯한 17~19세기 조선의 정치가와 유학자들이 강조한 문명의 실제로서 예의의 내용이었다. 그것은 마지막 중화인 명의 의관衣冠을 고수하고 있다는 것, 나아가 주자가 정립한 가례家禮를 엄히 준수하고 있다는 것, 바로 그러한 형식으로서의 예의였다. 청이 비록 중원을 차지했으나 여전히 냄새나는 오랑캐인 것은 변발辮髮을 늘어뜨리고 소매가 짧은 통수筒袖의 의복을 착용하고 있기 때문이다. 반면 조선은 명의 의관을 고수하고 있으니[48] 곧 소중화였다. 17세기 이후 주자의 가례가 농촌사회의 구석구석으로 퍼졌다. 그에 따라 부모의 상을 당해서는 25개월의 무거운 상복을 입어야 했으며, 친족의 상을 당해서도 법도에 따라 일정 기간 상복을 입거나 심상心喪을 행하여야 했다. 이 역시 청에서는 찾아볼 수 없는, 소중화 조선만이 고수하는 성인의 법도였다.

이 같이 문명의 기준을 의복이나 제례祭禮의 같은 형식으로 좁게 설정하고 그에 기초하여 자국을 소중화로 자부한 조선의 정신세계는 17~19세기 동아시아·동남아시아 전통사회에 있어서 다른 비슷한 예를 찾기 힘든 매우 돌출적인 현상이다.[49] 나아가 이미 망해 버린 명 황실을 위한 제단을 설치하고 정기적으로 세 황제의 혼백을 부르고 접대하고 보내면서 눈물을 흘렸던 조선 왕실의 정신세계는 조선 고유의 사생관과 이승관을 이해해야 비로소 납득할 수 있는, 그에 대해 알지 못하는 외국인의 눈에는 아무래도 이해하기 힘든 괴이한 현상이었다.

5

소상팔경: 조선의 이상향

소상팔경

중국 호남성에 동정호라는 큰 호수가 있다. 5~6세기 중국 남조南朝의 기록에 따르면 동정호의 크기는 횡橫이 700~800리에 달하였다. 상류에서 내려오는 토사량이 적어서 5~6장丈의 물속을 훤히 들여다볼 수 있을 정도로 호수는 맑았으며, 수량도 풍부하였다. 명대 이후 산서山西 등 상류 지역의 개발에 따라 많은 양의 토사가 흘러들어 호수 밑에 쌓였다. 그래도 유입 수량은 여전하여 호수의 횡은 19세기에 이르러 무려 1,000리를 넘었다. 이후에도 토사가 계속 쌓여 드디어 삼각주를 형성하니 20세기의 동정호는 크고 작은 여러 호수

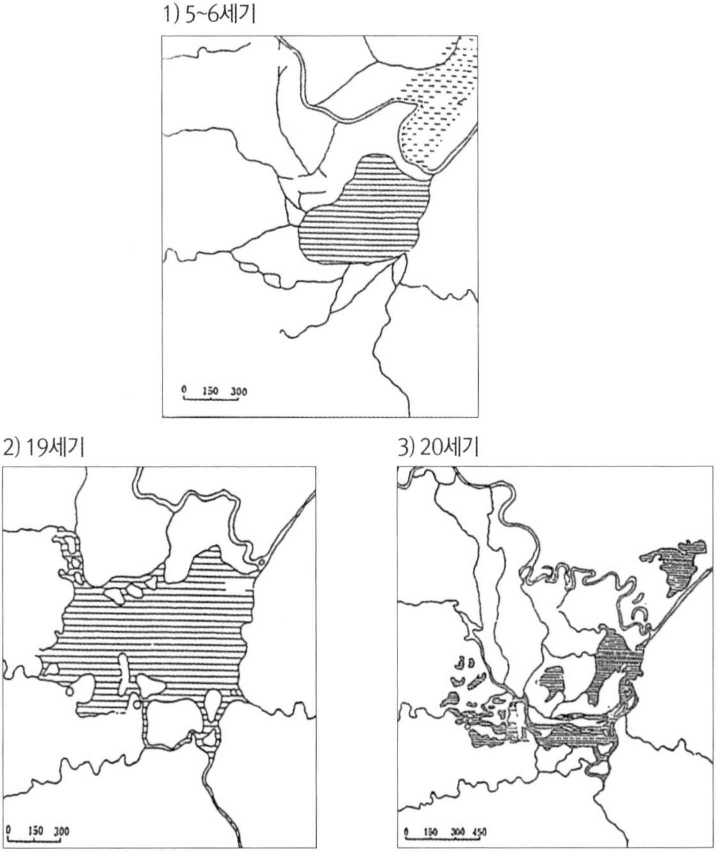

[자료17] **역대 동정호의 개략도**

로 갈라져 버렸다([자료17] 참조).[1]

중국에서 호남성湖南省과 호북성湖北省이 생긴 것은 이 동정호를 경계로 해서였다. 한국에서 호남과 호서가 생긴 것은 17세기의 유형원이 지적한 대로 벽골제를 경계로 해서였다. 아마도 유형원은 벽골제를 중국의 동정호와 같은 것으로 감각하였을 터이다. 1798년 정조가 벽골제를 두고 그 크기가 12개 군현에 미친 큰 호수로서 중국에서도 유명하다고 한 것도 마찬가지였다. 이듬해 1799년, 정조는 전라도 암행어사 유경柳畊에게 내린 편지에서 제堤와 보洑가 농사의 근본임을 강조한 다음, 벽골제를 살피니 호남이 '호湖'의 칭호를 얻게 된 까닭을 알 수 있겠다고 하였다.[2] 이처럼 17~18세기 조선인에게 호남의 '호'가 벽골제를 가리킴은 시대가 공유한 상식이었다.

언제부터, 어떠한 과정을 거쳐서였을까. 앞장에서는 명의 번국으로 문을 연 조선왕조가 그의 역사관, 세계관, 혈통, 왕도의 인간과 생활상까지 중국적으로 개변改變하고 신념으로 굳혀 간 역사적 과정을 소개하였다. 독자 여러분은 내가 지루하게 옆길로 샌 듯한 느낌을 받았을지 모르지만, 바로 이 장에서 펼치고자 하는 이야기의 전제에 해당하는 서술이었다. 다시 말해 중화의 질서라는 동굴 속에 갇혀 오랜 세월을 지내는 사이, 조선인은 알게 모르게 그의 산천山川에 대한 감각마저 중국적으로 바꾸어 왔던 것이다.

조선의 자연을 중국적 형태로 감각함에 있어서 강한 촉매 역할을 한 것은 소상팔경瀟湘八景의 그림과 시이다. 소상은 남쪽에서 동정호로 흘러드는 소강瀟江과 상강湘江을 말한다.

소강은 약 500km 상류인 영릉零陵에서 상강과 합쳐서 동정호로 북상한다. [자료17]에서 남쪽에서 쭉 뻗어 오르는 강을 볼 수 있는데 그것이 바로 상강이다. 소상팔경은 소상이 동정에 유입하는 일대에 형성된 여덟 군데의 아름다운 경치를 말한다. 그 첫째는 소상야우瀟湘夜雨로 소상강에 내리는 밤비의 형상이다. 둘째는 산시청람山市晴嵐으로 산속의 저자를 둘러싼 푸르스름하고 흐릿한 기운이다. 셋째는 원포귀범遠浦歸帆으로 먼 포구로 돌아오는 돛단배의 모습이다. 넷째는 연사만종煙寺晩鐘으로 안개 낀 절에서 들리는 저녁 종소리이다. 다섯째는 어촌석조漁村夕照로 어촌에 비끼는 저녁놀이다. 여섯째는 동정추월洞庭秋月로 동정호에 뜬 가을 달이다. 일곱째는 평사낙안平沙落雁으로 평평한 모래밭에 내려앉는 기러기의 모습이다. 여덟째는 강천모설江天暮雪로 강변 저녁 하늘에 내리는 눈을 말한다.[3]

소상팔경을 최초로 그린 사람은 오대·송초의 이성李成으로 알려져 있다. 이후 1080년 미불米芾이 소상팔경도시병서瀟湘八景圖詩幷序를 지으니 소상팔경을 소재로 한 최초의 그림과 시였다.[4] 중국에서 소상팔경이 유명해진 것은 소상강을 둘러싼 전설 때문이기도 하였다. 순舜 임금에게는 아황娥皇과 여영女英이란 두 아내가 있었다. 순 임금이 남쪽 지방을 순행하다가 죽자 아황과 여영은 소상강에서 그를 애타게 기다리다가 통곡하며 강물에 투신하였다. 이에 후세에 전하기를 소상 강가에 자라는 반죽斑竹, 곧 얼룩이 있는 대나무는 그들의 눈물이 배어든 것이고, 강 위에 내리는 비는 그들의 눈물이라고 하였다. 소상강은 또한 충신 굴원屈原의 혼이 깃든 곳이다. 전국 시대 초楚의 책략가 굴원은 진秦과 대항하기 위해 이웃 나라와 합종연횡合從連橫할 것을 주장했으나 뜻을 이루지 못하고 소상강 상류인 장사長沙로 추방되었다. 굴원은 자신의 주장을 죽음으로 간하고자 소상강에 몸을 던졌다.

소상팔경의 그림과 시가 고려에 전해지는 데는 긴 시간이 소요되지 않았다. 『고려사절요高麗史節要』의 1185년 기사에 의하면 명종明宗은 문신들에 명하여 소상팔경의 시를 짓게 하고 화공에 명하여 시의 내용대로 그림을 그리게 하였다. 왕이 그림에 탐닉하여 화공들과 더불어 종일토록 그림을 그리면서 정무에 마음을 두지 않으니, 근신들이 정무를 아뢸 때 간략히 줄여 왕의 비위에 맞추었다고 한다.[5] 한국 회화사繪畫史에서 고려 시대는 그림이 화공의 전유물이었던 이전 시대와 달리 왕공·귀족·승려·화공 등 여러 계층의 화가들이 그림을 그리고 감상하는 풍조가 보편화한 시대이다. 그에 따라 인물화 이외에 산수화山水畵, 영모화翎毛畵, 묵죽화墨竹畵 등 문인 취향적 소재의 작품이 폭넓게 제작되었으며, 시 등 문학과의 관계도 보다 밀접해졌다. 명종은 그 같은 회화사의 발전을 이끈 사람 중 하나이다. 이 같은 시대적 추세와 더불어 미불과 미우인米友仁 부자가 창시하고 원대의 고극공高克恭으로 이어진 미법산수米法山水 화풍이 수용되었을 것으로 짐작된다.[6] 명종이 화공들과 그린 소상팔경도의 화풍도 미법산수의 그것이었을지 모른다.

성공적 착지

중국에서 날아든 소상팔경은 이후 고려와 조선의 어느 지역에 훌륭히 착지着地하고 뿌리를 내렸다. 조선인의 자연 감각이 중국적으로 바뀌어 간 데는 이 같은 요인이 크게 작용하였다. 내가 살필 수 있었던 한에서 그 최초의 확실한 문헌 사료를 들자면 정철鄭澈의 「사미인곡思美人曲」이다. 1588년경 정철은 동서 붕당의 여파로 전라도 창평昌平에 머물고 있었다. 다음은 그가 임금을 그리워하며 지었다는 「사미인곡」의 한 구절이다.

하늘과 땅이 막히고 흰 눈으로 덮일 때

乾坤이 閉塞ᄒᆞ야 白雪이 ᄒᆞᆫ 빗친 제

사람은 말할 것도 없고 나는 새도 그쳐 있다

사ᄅᆞᆷ은 ᄏᆞ니와 ᄂᆞᆯ새도 긋쳐 있다

소상의 남쪽 밭도 추위가 이러하거늘

瀟湘南畔도 치오미 이러커든

임 계신 옥루고처는 더욱 말해 무엇하랴

玉樓高處야 더욱 닐너 므슴ᄒᆞ리.

이 같이 정철은 자기가 머문 전라도 창평을 '소상의 남쪽 밭瀟湘南畔'이라 칭하였다. 중국에서 날아든 소상이 뿌리를 내린 곳은 전라도였다. 다음은 1694년 이기홍李箕洪이 지은 글이다.[7]

전라도의 순천順天은 옛날의 승평군昇平郡이다. 아름다운 산 기운이 가득하고 맑은 물이 그윽이 고인다. 서로는 벽골제와 가깝고 남으론 연자교燕子橋와 통한다. 바다에 돛단배 띄우면 이르는 곳곳에 인가가 번성하니 세상에서 칭하기를 소강남小江南이라 한다.

이처럼 전라도는 세칭 '소강남'이기도 하였다. 그 주요한 이유 하나가 글 중에 언급되는 벽골제라는 큰 호수였음은 새삼 지적하기 싱거울 정도이다. 소강남 그곳은 쌀을 비롯한 물산이 요족하고, 사방에서 상선이 운집하고, 사람들이 비단옷을 입고, 아황, 여영, 굴원의 혼이 상징하는 충절의 고장으로서 꿈에서나 볼까 한 이상향이었다. 그에 비견할 조선의 고장은 다름 아닌 벽골제가 놓인 전라도로 곧 호남이었다. 이와 관련한 한 가지 사료를 더 소개한다. 1740년경 김도수金道洙란 선비가 지은 글과 시이다.

> 요즈음 병으로 누워서 마음 둘 곳이 없어서 남의 소상팔경 병풍을 빌려 감상하니 문득 호남의 훤한 풍경이 떠올라 급작스레 절구 한 수를 지었다近日臥病 無以適意 借人瀟湘屛以觀 忽憶南湖曠景 率爾成一絶.

> 그대가 봄바람 부는 강상의 누각에 앉으면君坐春風江上樓
> 외딴 배에 맑은 흥취 때때로 일겠네有時淸興一孤舟
> 긴 병풍 여덟 첩 흥겨워 노래하는 나그네長屛八疊狂歌客
> 누워서 소상의 만 리 유람하는 듯하구나臥作瀟湘萬里遊.[8]

김도수는 소상팔경의 병풍을 감상하면서 소상 만 리를 유람하는 것처럼 호남의 훤한 풍경을 떠올렸다. 시 중에서는 '남호南湖'라 했지만 '호남'을 뒤집어 부른 아취雅趣이다. 이상 몇 편의 글과 시에서 명확하듯이 중국 호남성 동정호의 소상팔경은 조선에 들어와 벽골 호수가 놓인 전라도에 뿌리를 내렸다.

나는 이 같은 자연 감각의 변화는 훨씬 이른 시기부터라고 믿고 있다. 소상팔경의 그림과 시가 도입된 것은 12세기이다. 제3장에서 설명한 대로 벽골제가 호수라는 환상은 늦어도 12세기까지는 성립하였다. 그 환상이 13세기에 이르러선 둘레가 107km 또는 245km라는 초대형 호수로 발전하였다. 연후에 제2장에서 소개한 대로 1370년대에 이르러 '호남'이란 지역 별칭을 운운한 최초의 시가 출현하였다. 나는 대체로 그 언저리에 벽골제와 소상팔경을 매개로 한 '호남' 별칭은 시문을 짓는 사대부들 사이에선 그리 낯설지 않은 풍조로 정착해 있었다고 짐작한다.

나계종羅繼從은 전라도 나주인으로서 벼슬이 고려 조정의 예문관제학藝文館提學에 올랐다. 이씨 왕조가 들어서자 고향으로 은거했으며, 태조가 몇 차례 불렀으나 응하지 않았다. 다음의 시는 그의 고향 가까운 곳에 유거幽居를 마련하고 심중의 씁쓸함을 노래한 것이다. 1415년 죽기 얼마 전의 작품으로 보인다.

> 소쇄의 띠로 인 정자는 벽골 호수에 가까운데瀟灑茅亭傍碧湖
> 관직을 파하고 돌아와 누우니 한갓 처량한
> 선비일세라罷官歸臥一寒儒
> 근심을 잊고자 짐짓 도연명 시에 취하니忘憂便學陶潛醉
> 마음에 품은 도가 영무자의 어리석음과 무슨 관련이 있으리요
> 懷道何關甯武愚.[9]

나는 시 중의 '소쇄의 띠로 인 정자瀟灑茅亭'가 오늘날 전남 담양의 유명한 정원 소쇄원瀟灑園이 아닐까 생각한다. 소쇄원은 1530년경 양산보梁山甫가 기묘사화 이후 고향 담양으로 은거하여 조성한 것으로 알려져 있다. 그렇지만 그 뿌리는 훨씬 더 깊었을 것이다. 왕조 교체를 당하여 고향 나주로 내려온 나계종은 이미 띠로 지붕을 인 소쇄 정자가 건립된 오늘날 소쇄원 자리에 숨어 지낼 거소를 마련하였다. 위 시에 이어진 부분을 보면 이전의 번성한 시절에 모 김공金公의 소유로서 일대의 선비들이 즐겨 시회詩會를 열었음에 대한 회상이 나오고 있다. 나는 소쇄원의 기원이 14세기 후반으로까지 올라

1 – [소상야우], 2 – [산시청람], 3 – [원포귀범], 4 – [연사만종]

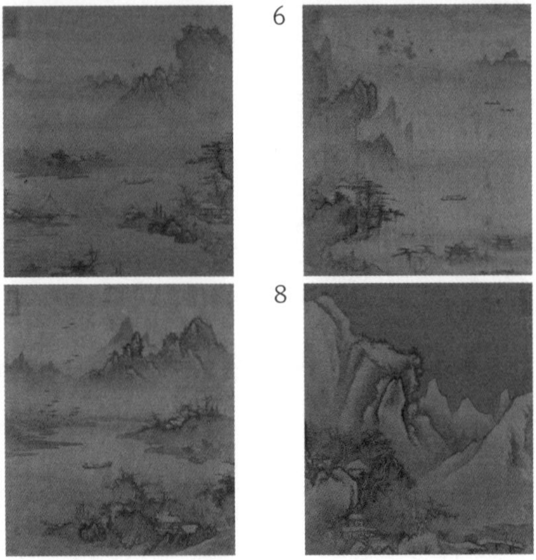

5 – [어촌석조], 6 – [동정추월], 7 – [평사낙안], 8 – [강천모설]

[자료18] **소상팔경도(국립중앙박물관 소장)**

간다고 믿는다.

여기서 굳이 논외로 보이는 과제를 들먹이는 것은 그 '소쇄'에서 풍기는 시적 상상력이 '소상'과 다분히 통하기 때문이다. 나계종은 소쇄 모정이 벽골 호수와 가깝다고 했는데,[10] 이는 자기가 유거한 담양이 충절의 선비들이 몸을 숨길만 한 중국의 소상강 유역과 같은 곳임을 드러내기 위해서였다. '소쇄'란 말은 속리俗離, 곧 더러운 세속과 깨끗하게 결별한다는 뜻이다.[11] 그런데 14세기 후반 어느 선비가 이곳에 띠로 인 정자를 짓고 '소쇄'라 이름한 것은 중국의 '소상'을 그대로 빌리기는 낯뜨겁기도 하여 같은 취향의 별개 시어詩語에 빙자한 소치였다. 앞서 강조한 대로 이전부터 소상팔경의 그림과 시에 탐닉한 당대 사대부 사회의 풍조 바로 그것이었다.

[자료18]은 국립중앙박물관이 소장하고 있는 「소상팔경도」로 현전하는 것 중 가장 오랜 작품이다. 15세기 중엽에 활동한 안견安堅의 그림으로 전해지지만 확실하지는 않다. 화풍은 중국 남종南宗 문인화의 그것이다. 「소상팔경도」가 촉구한 자연 감각의 중국화는 18세기가 되면 동 그림을 여덟 첩의 병풍으로 제작하고, 앞의 김도수의 예에서 보듯이, 돌려서 감상하는 문화로 발전하였다. 소상팔경에 대한 중국인의 탐닉은 명대 이후 시들었다. 반면 조선에서는 날로 더하여 중국

에까지 널리 알려졌다. 조선에 오는 중국의 칙사가 소상팔경의 병풍을 선물로 요구할 지경이었다. 1723년의 『승정원일기承政院日記』에 의하면 청 칙사 일행의 요구에 따라 상칙上勅과 부칙副勅에게는 소상팔경 비단 병풍 각각 1좌, 대통관大通官과 차통관次通官에게는 소상팔경 (종이) 병풍 각각 1좌를 선물하였다. 당시 경종景宗은 선물의 지급을 허락하며 "예도禮道를 아는 사람들이구나" 하였다.[12]

그렇게 소상팔경의 병풍은 조선의 선비가 자부하는 예도의 상징이었다. 19세기가 되면서 소상팔경 병풍은 신분과 부의 상징으로 변하였다. 『장홍보전』에서 제비의 다리를 고쳐준 덕행으로 큰 부자가 된 노비 출신의 흥부 부부는 두 번째 박에서 각종 고급 비단, 금은 장식, 사치 세간을 얻었는데, 그 가운데 이른바 산수병풍山水屛風이 포함되어 있었다.[13] 19세기에 산수병풍은 신분 고하와 무관하게 제법 산다고 뽐내는 사람들의 안방을 장식하는 사치품의 하나가 되어 있었다.

동정호의 가을 달

현재 전하는 가장 오래된 소상팔경의 시는 고려 시대 이인로

李仁老와 이규보李奎報가 지은 것이다. 이인로는 1180년 장원 급제한 뒤 임춘林椿 등과 함께 당대의 시객으로 문명文名을 떨쳤다. 이규보가 지은 소상팔경의 시는 모두 6편에 달하였다. 이로부터 1185년을 전후하여 소상팔경의 그림이 중국에서 유입될 때 소상팔경의 시도 함께 전해졌으며, 이후 사대부들의 왕성한 시작詩作 활동의 단골 소재가 되었음을 짐작할 수 있다.

현재 전하는 소상팔경을 노래한 한시漢詩는 오랫동안 이를 수집해 온 전경원에 의하면, 8경 하나하나를 기준으로 할 때 모두 471수에 달한다.[14] 이 외에도 소상팔경은 조선 후기의 시조, 가사, 판소리, 소설, 무가巫歌 등 여러 장르의 문학이 즐겨 다룬 소재였다. 전경원은 조선이 소상팔경에 탐닉한 것을 두고 하나의 '문화현상'으로 평가하고 있다.[15] 소상팔경 그곳은 조선인이 꿈꾼 이상향이었다. 물질적으로 풍요로울 뿐 아니라 정신적으로 깨끗한 고장이었다. 고려·조선의 근 천년에 걸쳐 동정호에 들른 한국인은 아무도 없었다. 아무도 가본 적이 없기에 그곳은 더욱 가고픈 이상향이었다.

소상팔경 가운데 조선인이 가장 좋아한 풍경은 동정추월洞庭秋月, 곧 "동정호의 가을 달"이었다. 예컨대 중종은 네 차례나 신하들에게 소상팔경을 시제로 주고 시를 급하게 지어 올리라고 명하였는데, 그중에 두 차례의 시제가 동정추월이었다. 그에 관해 1535년의 『중종실록』은 다음과 같이 이야기하고 있다.

> 임금이 서교西郊에서 농사를 살피고 이어서 망원정望遠亭에 머물러 물싸움을 관람하였다. 임금이 동정추월이란 시제로 오언율五言律을 짓고 어가를 수행하는 신하들에게도 시를 지어 올리게 했는데 심언광, 최세절, 조인규 등이 우등하였다. 각각 활 1장씩을 하사하라고 명하였다.[16]

제4장에서 소개한 대로 중종은 조선과 중국의 관계를 기존의 군신 관계에서 부자 관계로 바꾸게 된 것에 공이 큰 임금이다. '중종의 시대'를 거치면서 조선은 명의 내복內服으로 슬슬 동화되었다. 그러한 변화를 이끈 주인공인 중종이 유난히 소상팔경의 시에 탐닉한 것은 우연한 일만도 아닐 터이다.

조선의 선비들이 동정호의 가을 달을 노래하면서 떠올린 시상詩想의 상당 부분은 고려 이제현李齊賢의 그것을 맴돌았다. 이제현은 송의 성리학을 고려에 도입함에 공로가 큰 사람이다. 제4장에서 언급한, 우리 역사에서 연개소문을 지운 이곡과 이색 부자도 이제현의 문하였다. 그는 고려의 충선왕忠宣王이 원의 연경에서 세운 만권당萬卷堂에서 중국의 문인·학자와 폭넓게 교유하였다. 1316년 그는 원 황제의 명을 받아 중국 서촉西蜀의 아미산峨眉山까지 다녀왔으며, 1319년엔 강남 절강성의 불교 성지인 보타산普陀山에 참례하였다. 그의 중국 여행은 도합 9,000km가 넘었다.[17] 그럼에도 그의 발길이 동정호에 닿지는 않았다. 다음의 동정추월 시는 이제현이 서촉을 다녀온 지 얼마 되지 않은 시기에 중국에서 지은 것으로 보인다.

삼경에 달 밝고 은하수 맑은데三更月彩澄銀漢
만 이랑의 가을빛 흰 물결에 떠 있구나萬頃秋光泛素濤
호숫가 뉘 집에서 쇠젓대 부는고湖上誰家吹鐵笛
푸른 하늘 끝없는데 기러기 떼 높이 나네碧天無際雁行高.[18]

시상의 소재는 밝은 달, 맑은 은하수, 만 이랑의 물결, 호숫가의 피리 소리, 푸른 하늘의 기러기 떼 등이다. 다음 세 수의 동정추월은 순서대로 16세기 정사룡鄭士龍과 조욱趙昱, 18세기 권상일權相一의 것이다.

만 이랑 호수 빛 한 점 소라를 이루고萬頃湖光一點螺

보름달 둥근 넋 물결 곧게 펼치네滿輪圓魄正舒波
피리 가락 따라서 어룡을 엎드리게 하고프나欲憑笛調魚龍伏
선옹의 피리 소리 다시 없음은 어쩐 일인가無復仙翁裂管下.[19]

누가 은빛 달을 푸른 호수에 담구었나誰遣銀蟾浸碧湖
호수에 비친 하늘 한순간 조용하네天心水面一時虛
묻노니 어느 곳이 신선 사는 집인가問渠何處神仙宅
세상에선 도로가 신선의 궁이라 하네世界都盧是玉壺.[20]

누대 위 신선이 부는 피리 소리 한가롭고樓上仙人吹笛閒
문득 보니 밝은 달은 군산에서 떠오르네忽看明月出君山
금빛 파도의 그림자 평온한 호수 속에 떨어지니金波影落平湖裏
호수 넓고 하늘 텅 빈 황홀한 순간이네水闊天空恍惚間.[21]

위의 시 역시 밝은 달, 푸른 호수, 금빛 파도, 피리 소리, 신선 등을 소재로 하고 있다. 특히 신선이 세 수의 시 전체에서 공통으로 등장함에 유의할 필요가 있다. 이제현의 시에서는 피리의 주인공을 신선이 아니라 속세의 '뉘 집'이라 하였다. 그것이 조선왕조가 되어 신선으로 바뀌었다. 동정호는 속세라기보다 신선이 노는 곳이었다. 이 점은 뒤이어 소개할

18~19세기의 장편 소설이나 판소리에서 보다 선명히 관찰되고 있다.

두 번째 조욱의 시에 나오는 '벽호碧湖'라는 말은 많은 경우 벽골제의 호수를 지칭하였다. 예컨대 17세기 충청도를 대표하는 선비 유계兪棨는 만경현萬頃縣을 두고 "벽호의 하류에 있다"고 하였다.[22] 그렇지만 반드시 그렇지도 않아 '푸른 호수'라는 보통명사로 쓰일 때도 있었다.[23] 어쨌든 동정추월의 시에서 '벽碧' 자는 벽호 이외에 벽파碧波, 벽류碧流, 벽수碧水, 벽천碧天, 벽공碧空, 벽운碧雲 등으로 후대로 내려올수록 단골로 쓰인 글자였다. 거기엔 알게 모르게 조선의 벽골을 중국의 동정에 비견하는 시상이 작용하였다.

세 번째 권상일의 시에 나오는 특별한 소재는 군산君山이다. 이것은 상강이 동정호에 유입하는 유역에 호수 위로 솟은 섬 산을 말한다. 순 임금의 두 부인의 넋을 모시는 황릉묘皇陵廟라는 사당이 있는 곳이기도 하다. 첫 번째의 정사룡 시에서 군산은 '한 점의 소라'로 비유되어 있다. 이외에 '만 이랑'으로 자주 묘사된 동정호의 잔잔한 물결은 시인에 따라 "금빛 파도金波" "거울 같은 파도波如鏡" "거울같이 맑은 파도鏡澄波" 등으로 다양하게 표현되었다. 독자 여러분은 내가 제3장에서 소개한 김시습의 시를 떠올려 주시길 바란다. 거기서 김시습은 "벽골에 구름 걷히자 물결은 거울 같고雲收碧骨波如鏡"라고 노래하였다.

여기서 다시 생각해 볼 것은 만경과 군산에 대해서이다. 만경은 호수 위에 부는 바람으로 잔잔하게 이는 물결이 만 개의 이랑인 듯 일망무제임을 표현한 말이다. 그런데 다 잘 알다시피 실제 벽골제가 놓인 김제군 서쪽에 만경현萬頃縣이 있었다. '만경'은 755년 신라 경덕왕景德王이 중국식으로 전국의 읍호邑號를 고칠 때 생겼다.[24] 만경현 아래 동진만의 넓고 잔잔함이 마치 만 이랑의 호수와 같아서 그러한 읍호가 지어지지 않았나 싶다.

만경현에서 더 서쪽으로 가면 동북에서 흘러오는 만경강 하구를 넘어 옥구군沃溝郡에 소속한 군산群山을 바라본다. 군산은 오늘날에는 전북을 대표하는 일대 도회의 하나이지만, [자료5]에서 보듯이 19세기까지만 해도 육지와 분리된 여러 섬이었다. 섬과 육지 사이는 밀물이면 바다고 썰물이면 갯벌이었다. 예부터 서해의 방위나 조운에서 중요한 곳이어서 산성이 축조되고 수영이 설치되었다. 그 군산이 동정호에 솟은 군산君山과 조선어로 동일 음이다.

이상의 여러 가지를 고려할 때 중국에서 날아오른 동정추월이 조선의 김제에 착지한 것은 우연만도 아니다. 12세기면 이미 벽골제는 환상의 호수로 바뀌어 있었다. 인근의 만경은 밝은 달과 맑은 은하수를 품고 잔잔하게 일렁이는 호수의 광활한 수면과 같았다. 거기에 더하여 그 호수의 서단에 동정의 군산이 같은 음의 군산群山이란 이름으로 솟아 있었다. 이러한 여러 가지 역사적 우연이 작용하여 김제의 벽골제는 점점 더 중국 호남성의 동정호로 바뀌어 갔다.

여기서 제3장에서 소개한 김종직의 시를 다시 떠올린다. 그는 부안반도 끝의 어느 성루에 올라 멀리 군산도를 바라보며 "쇠를 녹일 듯한 햇살은 군산도에 떨어지고 흰 베를 걸친 듯한 연기는 벽골 제방에 걸쳤도다"라고 노래하였다. 바로 이 같은 시심詩心의 역사적 흐름을 타고서였다. 동정호는 조선인이 꿈에 그린 이상향이었다. 조선의 벽골제도 그러하였다. 전국의 많은 선비가 호남을 여행하고 벽골제를 찾은 것은 그러한 꿈에서였다. 그렇지만 눈에 보이는 벽골제는 퇴락한 모습이었다.[25] 이상향은 없었다. 그럼에도 그들은 여전히 꿈꾸었으며, 때때로 벽골제를 다시 쌓아야 한다는 공론을 일으키기도 하였다.

구운몽과 춘매전

1690년을 전후하여 김만중金萬重이 『구운몽九雲夢』과 『사씨남정기謝氏南征記』라는 소설을 지었다. 이를 기화로 19세기 전반까지 한문 또는 한글로 쓰인 장편 대하大河 소설의 시대가 열렸다. 현재까지 알려진 장편 소설은 총 28종이다. 가장 긴 장편은 한글로 쓰인 『명주보월빙明紬寶月聘』으로 모두 100책에 달한다. 당시의 3책은 평균적으로 오늘날의 1책에 해당하는 분량이라 하니, 실로 오늘날에도 유례를 찾기 힘든 장편 대하라고 하겠다. 이 소설은 중국 송의 진종眞宗 연간을 배경으로 윤尹·하河·정鄭 세 가문의 자녀들이 일부다처제 또는 처첩제로 인해 겪는 갈등과 그 해소가 주제를 이루고 있다. 다음으로 긴 장편은 『화산선계록華山仙界錄』인데 80권 80책의 분량이다. 시대적 배경은 중국 당의 명종明宗 연간이며, 화산에 거주한 위魏 가문의 3대에 걸친 자녀들의 혼인과 일부다처제로 인한 여인들의 질투, 갈등, 음모를 주요 소재로 하고 있다.

이들 28종의 장편소설은 대개 중국과 역사를 무대로 하고 있다. 소설의 남성 주인공은 중국인으로 태어나 소년 등과한 뒤 승승장구 출세하고 나아가 지방의 반란을 토벌하는 국보

國保로 그 찬란한 이름을 사방에 떨친다. 그렇지만 이 같은 영웅군담英雄軍談은 소설의 전개에서 큰 비중을 차지하지 않는다. 소설의 주요 소재는 가문 간의 은원 관계, 그로 인한 혼사 장애, 그리고 일부다처제로 인한 처첩 갈등과 해소이다. 소설의 작가는 대개 알려지지 않았으며, 주요 독자층은 왕실과 사대부 가문의 지식인 여성이었다.[26] 이들 소설은 동시대 조선인의 생애에 걸친 지향과 그를 제약하는 사회질서가 무엇인지를 잘 나타내고 있다. 나아가 그 근본 배경을 이루는 조선인의 세계관, 자연관, 이승관, 저승관과 그에 규정된 삶과 죽음의 이해를 농밀하게 대변하고 있다. 여기서는 당시 조선인의 세계관이나 저승관과 관련하여 이들 소설에서 동정호가 어떠한 모습으로 나타나는지를 간략히 소개한다. 예컨대 김만중의 『구운몽』은 다음과 같은 서술로 시작한다.

천하에 이름난 다섯 산이 있는데 동쪽의 태산泰山, 서쪽의 화산華山, 가운데의 숭산崇山, 북쪽의 항산恒山, 남쪽의 형산衡山이다. 제일 남쪽의 형산은 다섯 봉우리로 이루어졌는데 항상 구름 속에 갇혀 신비한 모습을 이루었다. 당나라 때 천축국天竺國에서 한 화상和尙이 들어와 대승법大乘法을 강론하여 사람을 가르치고 귀신을 제도하여 교화가 크게 일어났다. 세인들은 그를 육관대사六觀大師라 부르면서 산부처로 여겼다.

육관대사에게는 계행戒行이 높고 신통함을 얻은 제자 수백 명이 있었다. 또한 진 나라 때의 선녀 위魏 부인이 도를 얻어 승천하여 하늘에서 지내다가 선녀들을 데리고 형산에 내려와 살았다. 이처럼 형산은 신선과 선녀가 사는 선계仙界였다. 그곳은 이승과 저승(하늘, 극락) 사이에 놓인 중간계에 해당하였다. 사람들이 육관대사를 위하여 형산에 큰 절을 지었는데, 절의 문은 북쪽의 동정호를 향하였다. 다시 말해 동정호는 이승에서 중간계로 향하는 관문에 해당하였다.

육관대사가 강론을 행할 때 동정호의 용왕龍王이 사람의 모습을 하고 몇 차례나 법석法席에 참여하였다. 대사가 그에 답례하기 위해 수제자 성진性眞을 동정호로 보내 용왕께 감사의 뜻을 표하였다. 마침 형산의 위 부인이 선녀 여덟 명을 육관대사에게 보내 안부를 묻고 하늘 꽃과 신선의 과일을 선물하였다. 선녀들은 돌아가는 길에 동정호에서 돌아오는 성진을 만났다. 성진과 선녀들은 서로 길을 비키라며 몇 마디 수작을 나누었다. 선녀들의 아름다운 모습에 성진의 마음이 심하게 요동하였다. 육관대사는 성진의 그 같은 모습을 꾸짖으며 그를 염라대왕에게 보냈다. 마찬가지로 위 부인도 같은 죄로 여덟 명의 선녀를 염라대왕에게 보냈다. 대왕이 전후 사정을 살핀 다음, 여느 죄인과 다르다 하여 이들 아홉 명을 저승사자를 시켜 이승으로 쫓아냈다. 성진이 저승사자를 따라 큰 바람을 타고 내린 곳은 대당大唐 회남국淮南國 수壽 땅의 양 처사 집이었다. 성진은 전생의 일을 아득하게 잊은 채 양 처사의 아들 양소유楊少游로 태어났다. 여덟 명의 선녀도 이승에서 각기 다른 신분으로 태어났는데, 그중 한 명은 동정 용왕의 딸이었다.

이후 『구운몽』의 스토리는 양소유가 과거에 급제하고 나라의 대보大寶로 출세하는 고비 고비에서 이승에서 태어난 여덟 명의 선녀를 차례로 만나 그중 두 명을 처로, 나머지 여섯 명을 첩으로 맞아들여 온갖 부귀영화를 한껏 누린다는 내용이다. 이윽고 인생의 일체 무상을 깨달은 성진은 육관대사의 부름을 받아 선계로 복귀하였다. 육관대사는 천축국으로 돌아가고 성진이 대사의 자리를 이어 큰 교화를 베푸니 사람, 신선, 용신龍神, 귀신 모두가 그를 존경하였다. 여덟 선녀도 비구니가 되어 성진을 큰 스승으로 섬겼다. 소설은 이들 선인과 선녀 아홉이 모두 부처의 큰 도를 얻어 함께 극락으로 갔다는 코멘트로 막을 내린다.

소설의 전개 과정에서 동정호가 다시 주요 무대로 부상하는 것은 양소유가 동정 용왕의 딸을 마지막 첩으로 맞아들이는 대목에서이다. 토번에서 반란이 일어났다. 황제가 승상 양소유에게 토벌을 명하였다. 반란은 쉽게 진압되지 않고 양 승상의 군대는 진퇴유곡의 곤경에 처하였다. 병사들이 마실 물을 구할 수 없었기 때문이다. 아무리 깊게 우물을 파도 독이 든 물뿐이었다. 그때 동정 용왕의 딸이 나타났다. 그녀는 남해 용왕의 아들로부터 청혼을 받았지만 그를 싫어하여 토번으로 도망쳐 숨었다. 그녀는 자신의 원한으로 원래 깨끗한 물이 독수로 변했다고 하였다. 전후 사정을 알게 된 양소유는 그녀와의 만남이 운명인 줄 알고 그녀를 첩으로 맞아들였다. 마침 남해 용왕의 군대가 쳐들어 왔으나 양소유의 군대가 격파하였다. 이 소식을 들은 동정 용왕이 용의 수레를 보내 양소유를 용궁으로 초대하였다. 양소유가 용왕의 극진한 대접을 받고 다시 돌아오니 우물에는 맑은 물이 있었다. 이 소식을 들은 토번의 반란군이 스스로 항복하였다.

양소유가 동정호를 떠날 때 문득 눈을 들어보니 높고 빼어난 산이 보였다. 저 산이 무슨 산이냐고 용왕에게 물었다. 용왕이 답하기를 "아직도 모르시옵니까. 남악의 형산입니다"라고 하였다. 다시 말해 동정호는 이승의 끝자락으로 선계로 향하는, 용신이 지키는 관문에 해당하였다. 『구운몽』은 조선인에게 삶과 죽음의 질서가 이승-선계-극락의 위계로 짜였음을 잘 드러내고 있다. 동정호가 조선의 이상향으로 떠오른 것

은 그러한 질서 감각에서 그곳이 이승의 끝자락으로 선계와 통하는 곳이기 때문이었다.[27]

다음은 동정호와 관련한 또 하나의 고소설 『춘매전』을 소개한다. 이 소설은 작가 미상의 한글 소설이다. 『춘매전』은 『유부인전』, 『유씨열녀전』 등 여러 제목의 이본이 전할 만큼 독자층을 널리 확보한 인기 소설이었다. 옛날 양주의 유정낭에게는 딸 하나가 있었다. 딸이 18세가 되자 강릉에 사는 춘매의 집에서 청혼이 들어왔다. 유정낭은 그가 범상한 인물이 아님을 알고 혼인을 허락하였다. 나라가 태평과太平科 과거를 베푸니 춘매가 응시하여 장원급제하고 한림학사가 되었다. 조정의 백관이 그를 시기하여 모함하니, 왕이 그 말을 믿고 춘매를 절강으로 유배하였다. 7개월 만에 절강에 도착한 춘매는 병을 얻어 사망하였다. 그 소식을 들은 유 부인이 하인들과 더불어 남편의 시신을 찾으려 길을 떠났다. 감사와 목사, 절도사가 모두 유 씨를 열녀라고 칭찬하였다. 유 씨가 드디어 절강에 도착하여 춘매의 관을 여니 시신이 아직 변하지 않고 자는 듯하였다. 유 씨가 사흘간이나 크게 울자 염라대왕이 이를 알고 잠시 춘매를 소생시켜 부부는 하룻밤의 회포를 풀었다. 춘매가 다시 죽으니 유 씨도 관속에 함께 들어가 염라대왕을 만났다. 유 씨는 대왕에게 노모가 아들이 살아 돌아오기를 기다린다며 간절하게 호소하였다. 대왕이 감동하여 춘매 부부를 이승으로 돌려보내며 수명을 80세까지 연장해 주었다. 마침 나라에서 대사면령을 내려 절강으로 유배된 사람들이 모두 풀려났다. 춘매 부부가 살아서 고향으로 돌아오자 왕이 칭찬하면서 춘매를 이부상서에 봉하였다. 춘매 부부는 아들 다섯을 두었는데, 모두 소년 등과하였다. 만년에 춘매 부부는 서로 시 짓고 뱃놀이하면서 풍류를 즐기다 나이 80세 되어 함께 죽었다. 풍류의 무대는 동정호였다. 그 모습을 『춘매전』은 다음과 같이 묘사하고 있다.

> 동정호에 달빛이 비치고 소상강에 연꽃이 피는 가운데 유 씨 부부가 서로 배를 타고 선유船遊하니, 노는 모습이 천상 세계의 학이 구름을 타고 양대陽臺 위에 내린 듯하고 물결을 따라 떠다니는 듯하여, 오동나무 거문고 한 곡조에 오색이 영롱하였다.[28]

유 씨와 춘매의 고향인 양주와 강릉은 조선 땅이다. 그렇지만 소설에서 조선과 중국은 통합되어 있다. 각종 관직도 조선과 중국의 것이 어우러져 있다. 오랫동안 중국을 어버이의 나라로 모셔온 조선이었다. 『춘매전』이 순 임금의 두 부인이 몸을 던진 정절의 상징 동정호에서 종막을 고함은 그렇게 무르익을 대로 익은 정신문화에서 조금도 어색할 리 없는 구상이었다.

춘향전

18세기 이후 소설 문학의 일부는 판소리라는 음악의 장르로 승화하였다. 당초 판소리의 공연은 장마당에서 일반 평민을 대상으로 하였다. 점차 판소리의 청중은 양반 신분으로까지 확대되지만, 판소리는 기본적으로 평민예술이었다. 널리 연행된 판소리는 「춘향전春香傳」, 「심청전沈青傳」, 「흥부전興夫傳」, 「토끼전」 등인데, 모두 한글 소설을 대본으로 한 것이다. 이 새로운 평민예술의 장르에서도 동정호를 무대로 한 소상팔경은 평민이 그들의 고단한 일생을 달래는 종교적 이상향으로 노래되었다. 당초 사대부들의 시문에서 등장한 호남 별칭과 그에 상응하는 자연 감각은 18세기 이후 평민의 정신세계에까지 깊이 스며들었다.

「춘향전」의 관련 대목을 소개해 본다. 기생 춘향은 일부종사一夫從事의 절개로 고을 원님의 수청을 거부하다가 모진 형벌을 받고 옥에 갇혀 생사가 불분명한 신세가 되었다. 어느 날 춘향은 꿈을 꾼다. 꿈의 내용은 「춘향전」의 본에 따라 다르다. 초기의 것으로 보이는 본에서는 춘향이 은하수로 올라가 직녀성군織女星君을 만난다. 직녀성군은 춘향이 원래 그의 시녀였으며, 춘향의 남편 이도령은 태을선군太乙仙君이었음을 알려준다. 그리고선 이승에서의 고생을 잘 견뎌 두 사람이 인간 오복을 누리다가 무사히 이곳으로 돌아오라고 축복한다.[29] 이 같은 꿈의 맥락은 한국의 전통 종교인 무속과 도교에 뿌리를 둔 것으로 이해된다.

그런데 보다 후기의 대본에서 춘향이 꿈에서 만나는 존재는 유교적 가치를 상징하는 중국인의 모습으로 바뀐다. 백성환白星煥 창본 「춘향가」에서 관련 대목을 인용한다.

> 춘향이 비몽사몽간에 나비가 되어 바람을 타고 높이 날아 어디에 도착하니 소상강의 황릉묘라. 소복한 두 부인이 춘향을 반기며 손을 잡아 올리며 말하기를 "너의 소문이 이곳에 낭자하기로 한번 보고 싶더니 오늘 너를 보니 반갑고도 비감하도다." 춘향이 무릎 꿇어 여쭙기를 "천첩이 일찍이 옛 책을 보아서 높은 명성 사모한 지 오래인데 오늘 이렇게 두 부인을 뵈니 황감 무지입니다." 두 부인이 말하기를 "네가 나를 안다고

하니 내 설움을 들어봐라. 우리 순 임금이 남순하실 때 액운을 당하여 속절없는 이 두 몸이 소상강 대나무 수풀에 피눈물 뿌렸더니 마디마디 아롱지고 잎잎이 원한이라. 창오산蒼梧山 무너지고 상강 물 끊어져야 대 수풀에 뿌린 눈물 마르리라. 천추의 깊은 한을 언제나 풀어보랴." 그러자 동서의 모든 부인이 일시에 기동하여 촛불이 아롱거리는데, 어느 부인이 춘향 앞에 나와 말하기를 "나는 한漢 고조高祖의 아내 척부인戚夫人이니라. 네가 이곳을 모르리라. 이곳은 만고열녀萬古烈女의 도회부都會部라. 너도 응당 오리로다." 순 임금의 두 부인이 춘향을 불러 이르기를 "기특한 너의 절개로 보아 자결하기 쉽기에 너를 불러 이르노라. 액운을 무사히 겪은 후 그리운 낭군을 만나 백년동락할 것이다. 우리 계契에 성명을 적고 후일 상봉하자. 오래 지체 못 할지라 어서 급히 나가거라."[30]

이처럼 춘향은 꿈에서 중국 동정호의 군산으로 날아가 황릉묘에 모셔진 순 임금의 두 부인을 만났다. 앞서 소개한 대로 두 부인 아황과 여영은 순 임금이 죽자 소상강에 투신하였으며, 소상강의 밤비는 그들의 눈물이요 소상강의 얼룩무늬 대나무는 그들의 핏자국이었다. 동정호는 두 부인으로 인해 정절을 상징하는 성소聖所가 되었다. 두 부인만이 아니었다.

뒤이어 나타난 한 고조의 척부인은 동정호의 황릉묘를 가리켜 만고 열녀의 '도회부', 곧 총본부라 하였다. 그 조직의 명부에 이름이 실려야 열녀의 자격을 인정받고 죽어서 그곳으로 올 수 있었다. 춘향은 거기에 이름을 등록했으며, 그리운 낭군을 만나 백년해로를 한 뒤에 돌아오라는 축복을 받았다.

꿈속의 춘향이 한국의 전통 종교가 받드는 은하수의 직녀성군을 버리고, 중국 동정호의 황릉묘로 향한 것의 역사적 의미는 심중해 보이지만, 여기서 그에 관해 깊게 이야기할 계제는 아니다. 어쨌든 판소리의 청중으로서 유교적 가치에 순치된 양반 신분의 비중이 점점 커진 탓도 있겠지만, 일반 민중의 심성이나 가치관 역시 그런 방향의 변화를 겪고 있었기 때문임에는 틀림이 없다.

심청전

판소리 「춘향전」과 더불어 민중의 사랑을 가장 많이 받은 「심청전」에서 공간과 시간은 애매하다. 알려진 109종의 이본에서 판소리 「심청전」의 공간을 '조선국'으로 명시한 것은 5종에 불과하며, 대개 중국의 어느 곳으로 짐작되는 유리국이거나 황주 도화동으로 설정되어 있다.[31] 황주 도화동이 조선 땅인지는 확실하지 않다. 18~19세기 황해도 황주목黃州牧의 읍지에서 도화동이란 동리는 확인되지 않는다. 이본에 따라 황주 도화동은 유리국의 어느 곳으로 나오기도 한다. 「심청전」의 시간도 대개 중국의 당이나 송 시대로 설정되어 있다. 「춘향전」이 18~19세기 전라도 남원을 배경으로 한 것과 달리 「심청전」은 그 공간과 시간에서 훨씬 중국적이다.

심청은 아버지의 눈을 밝히기 위해 300석의 쌀을 받고 제 몸을 뱃사람들의 제물로 팔았다. 심청을 태운 배는 심청이 인당수에 몸을 던지기 전에 중국의 명나수, 황학루, 적벽강, 고소성 등 유명한 사적을 두루 들린다. 심청이 마지막으로 구경한 것은 소상팔경이다. 이 점은 「심청전」의 수많은 이본에서 거의 예외가 없다. 판소리 「심청전」의 청중에게 소상팔경은 죽기 전에 한 번은 꼭 보아야 하는 천하의 경승이자 마음의 고향이었다. 판소리 「심청전」에서 이 대목은 유명한 범피중류泛彼中流라는 더늠으로 노래된다. 다음은 그 더늠의 일부이다.

> 심청이 배 안에서 소상팔경 다 본 후에 한 곳을 가노라니 꿈인 듯 생시인 듯 향풍이 일어나며 옥패 소리 들리더니 희미한 주

렴 사이로 어떤 두 부인이 화관을 높이 쓰고 안개보랏빛 치마를 걷어 안고 뚜렷이 나오더니 "저기 가는 심 소저야, 네가 나를 모르느냐, 우리 성군 순 임금이 남녘을 순행하시다가 창오산에서 돌아가신 후 속절없는 이 두 몸이 소상강 대 수풀에 피눈물 뿌렸더니 가지마다 아롱져 잎잎이 원한이라. 창오산 무너지고 상강 물 끊어져야 대 수풀에 뿌린 눈물 마를 것이라. 천추의 한을 호소할 길 없었더니 네 효성이 지극키로 너에게 말하노라. 순 임금 돌아가신 후 몇천 년에 오현 거문고로 탄 남풍시南風詩는 지금까지 전하더냐. 수로 만 리 먼먼 길에 조심하여 다녀오라" 하며 홀연히 간 곳 없다. 심청이 생각하되 "죽으러 가는 나를 보고 소상강의 이비二妃가 조심하여 다녀오라 하니 진실로 괴이하다."[32]

소상팔경을 다 구경한 심청에게 순 임금의 두 부인이 나타나 그들의 한을 토로하고 심청을 격려하는 장면이다. 심청과 두 부인의 만남은 보존 상태가 양호한 「심청전」 53종의 이본 가운데 17종에서 이루어지고 있다.[33] 일반적이라고 할 수는 없으나 「심청전」의 이념적 지향을 대변하기에 충분한 비중이다. 두 부인이 심청에게 호소한 그들의 한은 앞서 소개한 「춘향전」에서 두 부인이 춘향에게 토로한 그것과 완전히 동일하다. 「춘향전」에서 두 부인이 춘향에게 이승에서 낭군과 백년 해로한 다음 황릉묘로 돌아오라고 축복한 대목도 마찬가지이다. 「심청전」에서 두 부인은 심청에게 먼 바닷길을 조심해서 다녀오라고 당부한다. 이에 심청이 여기는 소상강의 동정호인데 나더러 다녀오라고 하니 괴이하다라고 여긴다.

이후 심청을 태운 배는 며칠을 더 항해하여 인당수에 도달한다. 심청은 인당수에 투신한 뒤 옥황상제의 명을 받은 용왕에 의해 구원되고, 용궁에서 일찍 돌아가신 어머니를 만나며, 연꽃에 둘러싸여 바다 위로 떠 오른 다음 송 천자의 황후가 되었다. 소설의 줄거리가 이와 같아서 동정호 상의 심청에게 순 임금의 두 부인이 조심해서 다녀오라고 축복한 것은 앞뒤가 맞지 않는다. 그래서 「심청전」의 여러 이본에서는 표현이나 줄거리의 수정이 이루어져 두 부인이 심청에게 그저 수로 만 리 먼 길을 조심해서 가라고 당부함에 그치거나, 두 부인과의 만남이 연꽃을 타고 이승으로 복귀한 심청이 소상강에 도착한 뒤에 이루어지는 것으로, 두 부인의 축복도 심청이 황후가 되리라는 내용으로 바뀌었다.[34] 이를 두고 「심청전」의 구성이 더욱 합리화한 결과라고 여기기도 하지만, 나로선 납득하기 힘든 비평이다. 나는 그 같은 「심청전」의 수정은 조선인의 동정호를 둘러싼 종교적 경외감이 상당 부분 소멸한

20세기의 일이 아닐까 여긴다.

자세히 소개하지 못했지만, 동정호에서 심청에게 조심해서 다녀오라고 당부한 것은 순 임금의 두 부인만이 아니었다. 여러 이본에서는 두 부인에 이어 초楚의 굴원屈原이나 오吳의 오자서伍子胥와 같은 충신의 혼령이 나타나 그들의 한을 토로한 다음, 그들의 충절이나 심청의 지극 효성이 마찬가지라고 하면서 심청에게 잘 다녀오라고 당부하였다. 그렇게 동정호에 깃든 여러 혼령이 심청에게 한 당부와 축복은 「춘향전」에서도 같은 대목이 펼쳐지고 있듯이, 18~19세기 판소리의 연행이 바탕을 둔 조선의 정신문화에 속하는 현상이었다. 그런 차원에서 「심청전」의 모순을 양해할 필요가 있다. 심청의 입을 빌려 "진실로 괴이하다"고 했듯이 판소리의 연행자도 그 점을 잘 알고 있었다. 다시 말해 18~19세기 조선의 정신세계에서 동정호는 절세 충절의 혼령이 깃든 성소로서 춘향과 심청의 혼령도 마땅히 죽어서 귀의할 곳이었다. 그래서 판소리의 명창들은 두 부인이 심청에게 잘 다녀오라고 한 당부를 그것이 모순인 줄 알면서도 자연스럽게 그들의 범피중류 더늠에 포함했던 것이다. 18세기 이래 동정호는 여러 소설과 음악에서 조선의 이상향으로, 선계로 이어지는 이승의 끝자락으로, 정절과 효성의 성지로 조선 만민의 가슴 속에 깊이 자리 잡아 갔다. 조선은 점점 더 깊게 그 종교성에서까지 중국으로 변질하고 있었다.

곤륜산의 적장자

이 같은 역사적 추세를 마무리하는 마지막 이야깃거리이다. 1766년 함경도의 박종朴琮이란 선비가 백두산에 올랐다. 정상에 오르니 한가운데 큰 못이 있는데, 천길 아래로 빠져 검푸른 것이 깊이를 측량할 수 없고 땅 구멍 속으로 통하는 것 같았다. 이윽고 그는 다음과 같이 감탄하였다.

곤륜산崑崙山 아래 중국의 오악五嶽이 있다지만, 꼭대기에 이렇게 큰 못이 있다는 말은 듣지 못하였다. 이로써 백두산이 곤륜산의 적장자가 되고 오악은 단지 그 서자일 뿐임을 알 수 있다. 대개 우리 동방의 문물이 심히 융성하여 소중화라고 칭해지고 있다. 가만히 생각하니 땅이 이미 중국의 정통을 계승했으니 하늘이 기자와 같은 성인을 우리에게 내려주신 것이 어찌 우연이라 하겠는가.[35]

곤륜산은 천하에 제일가는 전설의 산으로 신선이 사는 곳으로서 도교의 성지이다. 여기서 뻗어 나온 산과 물이 천하의 산천을 이루었다. 제4장에서 서술한 대로 조선 시대의 우리 조상은 땅에 선하거나 악한 기맥이 흐른다고 생각하였다. 이러한 토지기맥론은 시대가 내려올수록 점점 강해졌다. 전해오는 15~16세기 조선 지도는 산맥의 흐름을 강조하지 않았다. 반면 18세기 이후 조선의 지도는 점점 산맥의 지도로 바뀌어 갔다. 이윽고 18세기 중엽이 되면 그 토지의 기맥이 중국 서쪽에 있는 전설의 산 곤륜산에서 뻗어온 것이라는 새로운 환상이 널리 확산되었다.

박종은 백두산을 곤륜산의 적장자로 자리매김한 위에 이를 기자가 조선 문명의 시조라는 역사관과 통합하였다. 18세기 중엽 이중환李重煥이 지은 『택리지擇里志』는 백두산의 기맥이 백두정간白頭正幹을 타고 이 나라 곳곳의 산과 골짜기로 퍼져 나갔다는 국토 감각을 전제하였다. 12세기 이래 조선의 산천을 중국적으로 감각함은 소상팔경을 촉매로 한 호남 지방을 대상으로 한 현상이었다. 시대의 흐름과 함께 그 범위는 점점 조선왕조의 판도 전체로 확대되었다. 이윽고 18세기 중엽이면 조선의 산천 일체가 중국 곤륜산의 정기를 받았다는 환상으로 심화하였다. 나는 이 언저리에서 자국의 역사와 자연을 망라한 웅장한 체계로 조선 소중화론이 완성되었다고 생각한다.

앞에서 소개한 1792년의 성시전도시로 돌아가자. 당시 병조

좌랑 정동간鄭東幹이 지은 성시전도시는 정조로부터 차상次上의 고과를 받았다. 그는 왕도 한성부의 지세를 다음과 같이 노래하였다.

> 서쪽 끝 곤륜산은 가없이 커서西極崑崙大無外
> 한 줄기 동쪽으로 내달아 백두로 솟았고一脈東走白頭起
> 두만강은 위에서 흘러 아래로 들어가는데豆滿上流注其下
> 낮밤으로 그치지 않고 넘실넘실 흐르네晝夜不捨瀉瀰瀰 (중략)
> 호랑이가 웅크리고 용이 내려앉은 기세 웅장하고虎踞龍蟠氣勢雄
> 어두운 세상 열었으니 성인의 크나큰 공덕이라네開荒洪功聖人□
> (중략)
> 묘향산에는 옛날 신이 내려오고妙香山古神降來
> 대동강에는 맑은 사람이 이르렀네大同江清人戾止
> 조그마한 계림과 송악蕞爾鷄林與松嶽
> 신라와 고려에 이르기까지 얼마나 누추한가下至羅麗何陋矣
> 흑석리에 상서로운 기운이 어리어黑石里中蟠瑞氣
> 성인께서 우리 왕조 세움은 쌓인 덕이네聖作吾東由積累.[36]

곤륜산에서 뻗은 산과 물이 호랑이가 웅크리고 용이 내려앉은 지세로 조선 땅을 빚어 놓으니 묘향산에 '옛날 신'으로 단군이 내려오고 대동강에 '맑은 사람'으로 기자가 옮겨와 살았다. 그 지세를 받지 못한 계림의 신라와 송악의 고려는 얼마나 누추한 역사인가. 오로지 우리 한성의 조선이 그 상서로운 기운을 온몸으로 받아 정통의 왕조를 세우셨다는 취지의 시이다. 소중화론에 매몰된 18세기 말의 관료와 선비들은 산천의 기원과 문명의 시조를 곤륜산과 기자에서 구했으며, 그리하여 천년 사직의 신라와 오백 년 도읍의 고려를 누추한 역사로 팽개치고 말았다. 일찍이 14세기의 이곡과 이색 부자가 자국의 역사에서 중국의 대군을 격파한 연개소문을 지운 것과 그 정신사에서 조금도 다르지 않은 맥락이었다.

거의 같은 시기에 이긍익은 그의 『연려실기술』에서 백두산에 관해 다음과 같이 해설하였다.

> 곤륜산의 한 줄기가 큰 사막 남쪽으로 오다가 동쪽으로 의무여산醫巫閭山이 되고 그로부터 크게 끊어져서 요동 들판이 된다. 들판을 건너가서 불쑥 일어난 것이 백두산이 되어 여진과 조선의 경계에 있으니 이곳이 곧 산해경山海經에 이른바 불함산不咸山이다.[37]

1885년 조선왕조는 청과의 국경 분쟁을 감정하기 위해서

이중하李重夏를 토문감계사土們勘界使로 백두산에 파견하였다. 그의 백두산 인식은 『연려실기술』의 그것과 동일하였다. 중국에서 천 리를 달려온 기맥이 우뚝 솟아 조선의 머리로서 백두산을 이루었다는 것이다. 청의 관리와 국경을 다툰 뒤 그는 백두산 정상에서 남쪽을 응시하면서 "기자의 옛 나라가 조그마하게 펼쳐져 있구나"라고 노래하였다.[38] 그보다 119년 전 백두산에 오른 박종이 "땅이 이미 중국의 정통을 계승했으니 하늘이 기자와 같은 성인을 우리에게 내려 준 것이 어찌 우연이라고 하겠느냐"라고 노래한 바로 그 정신세계였다.

때는 바야흐로 열국쟁패와 약육강식의 제국주의 시대였다. 조선의 왕도 한성부에는 열국의 사자들이 공관을 열고 한반도에 걸린 자국의 이해관계를 세밀히 저울질하였다. 눈앞의 세상이 그렇게 바뀌었음에도 조선의 국왕, 대소 관료, 경향의 선비들은 자국의 온 역사와 국토를 중국의 일부로 감각하는 정신세계에 깊이 침잠하였다.

6

20세기에 드리운 중화사관

소중화론의 해체

1910년 8월 대한제국이 일본제국에 병합되었다. 518년이나 길게 이어온 왕조였다. 왕실이 금방 소멸하지는 않았다. 대한제국의 황실은 왕공족王公族의 신분으로 일본 황실에 편입되어 1945년 8월까지 존속하였다. 1876년 개항 이후 이 같은 결말에 이르게 된 34년간의 역사를 제대로 이해하기 위해서는 조선왕조가 어떠한 나라인지에 대한 이해가 필수적이다. 앞서 강조한 대로 조선왕조의 국가체제는 천자-제후-대부-사-서의 위계로 이어진 예의 국제질서를 그 본질로 하였다.

중국의 천자가 자신을 보호해 주지 않자 조선의 제후는 새로운 보호자를 찾아 나섰다.[1] 국가체제를 일신하여 독립국으로 자존함이 왕국을 보전하는 유일한 길이라는 판단은 고종의 지력知力 밖이었다. 도움을 구하는 고종의 손길을 잡은 것은 러시아의 차르였다. 한반도는 러시아가 꿈에 그리던 천혜의 부동항이 즐비하였다. 당시 세계는 그러한 러시아를 영국이 봉쇄하는 그레이트 게임이 전개 중이었다. 고종은 줄을 잘못 섰으며, 그로 인해 세계의 주도 세력으로부터 버림을 받았다. 고종이 새로운 보호자를 찾아 나설 수밖에 없었던 것은 그가 누린 왕업이 구래의 국제질서에서 누구와도 나눌 수 없는 그의 개인적 가산家産이었기 때문이다. 위기의 시대를 맞아 국가 주권을 조금이라도 민주적으로 분산시켜 놓을 필요가 있다는 애국 충신들의 호소를 그는 야멸차게 거절하였다. 그들은 감옥에 갇히거나 죽임을 당하였다.

대부大夫와 사士 계층이 망국의 위기를 맞아 보인 대응의 양태도 같은 관점에서야 합리적으로 이해된다. 그들 역시 전통적인 국가체제와 그것이 보장한 그들의 가산에 집착하였다. 1894년 일본의 낭인들이 국모를 시해하였다. 뒤이어 친일 내각에 의한 갑오개혁이 단행되고 단발령이 내려졌다. 그러자 호서 사림의 영수라 할 유인석柳麟錫이 의병을 일으켰다. 그는 갑오개혁에 반대하고 원상회복을 요구하였다. 그에

겐 구질서 자체가 이미 변할 수 없는 개화였다. 그러한 입장에서 유인석은 1897년 고종의 황제 등극에 대해서도 참람하다고 비판하였다.

유인석의 의병에는 상민 신분의 김백선金伯先이 이끄는 부대가 있었다. 1896년 유인석의 의병은 충주 가흥창에 주둔한 일본군을 공격했으나 부대 간에 손발이 맞지 않아 실패하였다. 선봉장 김백선은 작전에 협조하지 않은 양반 신분의 중군장 안승우安承禹에게 거세게 항의하였다. 이 장면을 지켜보던 사령관 유인석은 김백선을 끌어내 참수하였다. 이 일로 유인석의 의병은 사기를 잃고 흩어지고 말았다. 유인석이 의병을 일으킨 것은 전통 국제사회와 조선왕조의 체제를 고수하기 위해서였다. 그런데 그 질서를 허무는 행위가 의병 부대 안에서 일어났다. 유인석이 김백선의 목을 칠 수밖에 없었던 것은 그러한 이유에서이다.

1907년 망국의 위기가 깊어지자 유인석은 러시아령 연해주로 망명하였다. 그리고 1911년 중국에서 신해혁명辛亥革命이 일어났다. 중화의 적통인 한족漢族이 만주족의 청조를 폐하고 중화를 재건하는 쾌거였다. 유인석으로서는 기다리고 기다리던 혁명이었다. 드디어 조선 독립의 기회가 찾아왔다. 그는 부푼 기대로 혁명의 지도자 손문孫文 중화민국 임시 대

총통에게 편지를 썼다.

> 나 인석은 동방의 시골에 있는 졸렬한 자로서 어찌 감히 중국의 대사를 논하겠는가. 그러나 우리나라는 소중화로서 중국 보기를 지족支族이 종가宗家를 대하듯이 하였고 예부터 동고동락하였다. 근년에 우리나라는 일본의 압박을 받아 먹힘을 당하였다. 이 천한 몸이 일본과 다투었으나 이루지 못하고 나라를 떠나 다른 방법을 찾으려 하였다. 처음엔 중국으로 가려고 했으나 청의 힘이 약하여 받아주지 않아서 부득이 러시아 영내로 와 머무른 지 벌써 수년이다. 날마다 중국이 흥하여 일어서기를 바랐는데 다행히 지금 일이 이루어졌다. 대개 중국이 일어나고 못 일어남에 우리의 흥망이 달려 있다. 엎드려 바라건대 각하께서는 깊이 생각하시고 궁구하시어 죄를 짓지 마시길 바란다.[2]

이후 전개되는 혁명의 양상은 온통 유인석의 기대 밖이었다. 손문은 황제정을 폐하고 공화정을 실시했으며, 공자의 사당을 억압하고 서양식 학교를 일으켰다. 유인석은 시름시름 앓기 시작했으며, 1915년 지극한 절망 속에서 숨을 거두었다. 조선왕조의 패망과 더불어, 나아가 유인석으로 대표되는 유력한 학통의 단절과 더불어 조선 소중화론의 시대는 종말을 고하였다.

은둔의 일사들

그렇지만 무르익기 시작한 12세기부터 기산하면 무려 8백 년의 무게를 지닌 역사관이었다. 길게 여러 세대로 전승되고 성숙해 온 문화였다. 아침 이슬처럼 덧없이 사라질 바는 아니었다. 조선 소중화론은 일제가 한반도를 지배한 기간에도 이어졌으며, 그 역사적 유산은 현대 한국의 정신문화로서 지금도 큰 숨결로 한국인을 지배하고 있다.

유인석이 그러했듯이 조선 성리학은 19세기 말과 20세기 초의 자국사와 세계사를 설명할 능력을 결여하였다. 그들에게 일제의 조선 지배는 이적이 중화를 지배하는, 세상이 그 마땅한 도리를 잃은 난세였다. '위방불입危方不入'이라 했던가, 성현께선 위태한 곳으론 나아가지 말라고 가르치셨다. 일제하에서 조선의 선비들은 은둔하였다. 하늘의 변치 않는 떳떳한 도는 반드시 회복되고 말 것이다. 은둔의 선비들은 외래문물과의 접촉을 차단하고 상투, 도포, 짚신 등의 전통 복식을 고집하였다. 일제의 간섭과 탄압이 모질수록 그들의 신앙은 깊어졌다. 1937년 일본과 중국이 전쟁에 돌입하였다. 세상은 더욱 위태로워졌다. 전라도 장흥군에 은둔하고 있던 김주현金冑現이란 선비에게 어느 손님이 찾아와 물었다. "세상을 보니 거의 빠져 죽을 근심이 다가왔다. 족적을 어디에 숨길 것인가." 김주현이 답하였다. "오직 수신하면서 하늘을 기다릴 뿐이다."[3]

그들이 신앙한 하늘은 기자 이래 4천 년을 이어온 중화의 정통과 500년을 지속한 조선왕조의 문물을 복구할 성인의 출현을 의미하였다. 충청도 충주군에 몸을 숨긴 김인수金麟洙는 말하였다. "우리 무리는 세상을 등지고 몸을 닦으며 대명大命을 기다릴 뿐이다." 그렇지만 대명을 발할 성인은 좀처럼 나타나지 않았다. 전쟁이 길어지자 일제는 조선인을 징용하고 식량을 공출하기 시작하였다. 그들의 기도는 더욱 간절해졌다. "엎드려 비옵건대 상제께서는 하감하시어 즉시 대인 영웅에게 명하시어 저들의 조선 인민 징용과 미곡 공출을 금단케 하시고 임금의 자리에 올라 태평성대를 이루게 하소서."[4]

그들은 때때로 명절이나 동료의 수연壽宴을 맞아 얼굴을 마주했는데, 그 자리는 곧잘 시회詩會로 바뀌었다. 김인수의 일기에 의하면 1932년 8월 한가위 명절을 하루 앞두고 충주 남한강변의 모처에서 시회가 열렸다. 제시된 운韻 자의 마지막은 호湖였다. 다음의 시는 1등을 한 시이다. 어느 시골 선비의, 품격이 떨어지기는 하지만 난세에 은둔하고 기약하는 그들의 심사만큼은 넉넉히 전달하는 작품이다.

덕은 본시 이웃이 있어 외로울 리 없으니德本有隣不必孤
집 앞에 가래와 오동나무 심는 법 배우노라門前學種梓與梧
숲 골짜기 한 구역씩 나 스스로 거닐며林壑一區吾自適
강과 산 아홉 폭 어딜 먼저 가꿀까江山九幅孰先圖
높은 명성의 가문 공맹의 도 전승해야 하나冠冕家聲傳鄒魯
더러운 티끌 세상 손오의 병법 읽네腥塵世事讀孫吳
물가 새 날아들고 물고기 노니는데沙鷗翔集鱗遊泳
누각은 동정호 700리에 비치는구나樓帶洞庭七百湖.[5]

이처럼 그들이 은둔한 충주 남한강변은 중국 동정호와 같은 곳이었다. 난세를 대하는 그들의 자세는 540년 전 조선왕조가 들어서자 앞서 소개한 벽골제 가까운 담양의 소쇄 모정에 몸을 숨긴, 고려의 유신遺臣 나계종의 그것과 다르지 않았다. 호서라 했듯이 조선왕조를 거치면서 충청도 역시 호수의 고장으로 변하였다. 1925년 잡지 『개벽開闢』의 주간 차상찬車相瓚

은 충북 일원을 여행하면서 「호중잡기湖中雜記」를 지었다.[6] 변변한 호수 하나 구경하기 힘든 충북을 거닐며 '호수 가운데'를 자칭하였다. 벽골제를 큰 호수로 환상하고 동정호에 비견해 온 이전 시대의 국토 감각을 전제하지 않고서는 이해할 수 없는 현상이다. 거기엔 여전히 중국을 세상의 중심으로 간주한 중화사관과 그것의 조선적 변용인 소중화론이 짙게 깔려 있었다. 예컨대 김인수의 일기가 1994년 한국정신문화연구원에 의해 『치재일기恥齋日記』로 간행될 때 그의 아들 김동숙金東孰이 쓴 서문에 달린 연기年紀는 '영력永曆 347'년이었다.[7] 영력은 명이 망한 후 명의 부활을 도모한 영명왕永明王 치세의 연호이다.

개처럼 기어올라

은둔의 일사들을 결속한 것은 시회만이 아니었다. 곳곳에 들어선 조선왕조의 명현을 모신 사우祠宇에서의 제사는 보다 강력한 연대로 그들을 결속하였다. 충북 제천에는 주자朱子, 송시열宋時烈, 이항로李恒老를 배향하는 자양영당紫陽影堂이 있다. 충청도 화서학파華西學派의 중심으로서 이항로의 제자 유중교柳重教가 세운 사우이다. 앞서 소개한 유인석은 유중교의 제자이다. 그는 1895년 의병을 일으킬 때 자양영당에서 모의하였다. 1915년 망명 중의 유인석이 사망하자 화서학파의 제자들은 유인석을 영당에 추가 배향하였다. 충주에 은둔한 김인수는 그리 높은 학문은 아니지만 화서학파에 속한 인물이다. 김인수가 자양영당에서 봄가을로 열리는 석채례釋菜禮에 참가한 것은 46세인 1938년부터였다. 영당은 대략 30명 전후의 선별된 자들만이 참례의 영광을 누릴 수 있는 폐쇄적 조직이었다. 일제하에서 그 정치적 권위가 전과 같을 순 없지만, 전통사회의 질서가 아직도 큰 숨결로 살아있는 향촌에서 자양영당의 석채례가 발하는 정신적 위세나 구심력은 결코 무시할 수 없는 수준이었다.

1945년 8월 드디어 왜적이 물러갔다. 난세가 종식된 것이다. 그해 9월 자양영당에서 열린 석채례에는 예년과 달리 50~60명의 선비가 참례하였다. 그날의 성대한 제사에서 김인수는 '당우 4천년 화맥唐虞四千年華脈', 곧 기자 이래 4천 년의 중화 정통과 '조종 5백년 전형祖宗五百年典型', 곧 500년을 이은 조선왕조의 문물이 회복되는 듯한 큰 기쁨을 맛보았다.[8] 이후 주지하듯이 세상은 새로운 국가의 건립을 둘러싸고 '민주'와 '공산' 간의 대립으로 큰 혼란에 빠졌다. 그럼에도 이

들 은둔의 일사들이 몰입한 중화사관과 소중화론에는 큰 변함이 없었다. 1947년 2월 김인수는 유인석이 지은 「소의신편昭義新編」이란 글을 읽고 유인석이 의병을 일으킨 것은 중화를 존숭하고 이적을 물리치며, 정학正學을 보위하고 사설邪說을 배척하기 위함이었다고 다시 한번 감격해 마지않았다.[9]

조선총독부가 이 같은 사우의 제사를 금지할 수 없었던 것은 사우 자체가 민간의 사유재산이었기 때문이다. 대조적으로 총독부가 국유재산으로 접수한 향교나 서원에서 중화사관과 소중화론을 계승하는 취지의 제사는 금지되었다. 반일 민족감정을 배양하기 때문이다. 이 같은 총독부의 정책에도 불구하고 국유 사우에서의 제사를 이은 곳이 있는데, 다름 아니라 충북 괴산군 화양동의 만동묘였다.

앞서 잠시 언급했듯이 만동묘는 1703년 송시열의 유지에 따라 임진왜란 당시 원병을 보내 조선을 구원한 명의 만력제를 제사하는 사우로 세워졌다. 이후 소중화론의 상징으로서 만동묘의 위세가 하늘을 찌를 듯 높아지면서 각종 민폐를 야기했으며 그로 인해 1865년 대원군大院君에 의해 훼철되었음은 잘 알려진 사실이다. 만동묘는 1874년 대원군이 물러나고 고종이 친정을 개시하면서 다시 세워졌는데, 이전과 달리 제사만큼은 송시열의 후손과 지역의 유림이 아니라 관이 주도

하는 관제로 거행되었다. 만동묘의 제사는 대한제국의 성립 이후에도 이어졌는데, 이는 앞서 지적했듯이 고종 황제가 철저한 중화사관의 소지자이기 때문이었다. 만동묘의 제사가 폐지된 것은 1908년 고종이 제위에서 물러난 뒤의 일이었다. 이후 대한제국의 패망과 국유재산의 정리과정에서 전국의 모든 향교, 서원과 마찬가지로 만동묘 역시 국유재산으로 편입되었다. 만력제에 대한 제사 역시 총독부로서는 용납할 수 없는 취지이기에 금지되었다.[10]

이를 용인하고 방관할 조선의 유림이 아니었다. 1910년 송시열의 9세손 송병순宋秉珣에 의해 존화계尊華契가 조직되었다. 만동묘 제사를 이어가기 위한 비용을 조달하기 위한 계였다. 송병순은 1912년 독을 마시고 순국하였다. 이 존화계가 해체되는 것은 1937년의 일이다. 동년 10월 괴산 현지의 유림 3명과 경남 진주와 함안 등에서 온 유림 7명이 밤 12시경 만동묘에서 제사를 거행한 사건이 당국에 의해 인지되어 관련자들이 검거되었다. 이후 충북 도지사까지 나서서 이들을 회유하여 결국 만동묘의 제단과 신위를 파괴하고, 존화계를 해산하며, 계의 기금 300원을 국방헌금으로 바치는 것으로 사태는 마무리되었다.[11]

이 같은 전말을 살펴보면 총독부의 금지에도 불구하고 만동묘 제사는 1937년까지 꾸준하게 이어졌다고 짐작된다. 송병순이 조직한 존화계가 그때까지 존속하였기 때문이다. 계원은 송시열의 후손이나 괴산 현지의 유림만이 아니라 경상도를 비롯하여 남부 지방의 넓은 범위에서 충당되었다. 1937년 중일전쟁의 발발이라는 시국의 변화에 따라 총독부가 드디어 이를 해체했지만, 그전까지 성인의 출현을 고대하면서 중화질서의 복구를 기원한 조선 유림의 만동묘 제사에 대한 집착은 당국의 느슨한 금지만으로는 결코 끊어질 바가 아니었다. 만동묘로 오르는 계단은, 어릴 적 그곳을 몇 차례 방문한 정치학자 신복룡에 의하면, 경사 70도로 가팔랐다. 황제의 신위가 있는 곳이어서 "개처럼 기어 올라갔다가 개처럼 기어 내려오라"는 취지였다.[12] 그 계단을 한밤중에 기어 올라 황제의 신령을 부르고 접대하고 보내면서 이전의 국왕 정조가 그러했듯이 감격의 눈물을 뿌렸던 일제하 조선 유림의 면면을 상상해 보라.

이후 만동묘 제사는 복구되지 못했지만, 그 정신만큼은 전면 복권되었다. 1962년 박정희 군사정부는 유인석과 송병순에게 대한민국 건국장을 수여하였다. 전국 도처의 사우에 배향된, 일제에 조선 병탄에 항거하여 순절한 모든 사람이 그 대상이었다. 솔직히 말해 그들은 조선왕조의 신하들이었다.

그들이 대한민국의 건국에 무엇을 어떻게 기여했는지 나는 알지 못한다. 양반에 대들었다 해서 상민 의병장의 목을 치고, 중국의 손문에게 중국은 종가, 조선은 지족이라 했던 유인석이 대한민국의 건국장을 받아야 할 이유는 무엇일까. 그 불투명한 인과를 가리켜 흔히들 문화라 일컫는다. 500년에 걸쳐 성숙한 소중화 조선의 정신문화가 그렇게 간단히 소멸할 리는 없다. 그 정신문화는 의외로 끈질긴 생명력으로 살아남아 현대 한국을 소리 없이 구속하고 있다.

신규식의 국궁

나라가 망한 뒤 중국으로 망명한 독립운동가의 정신세계는 신구 조류가 얽힌 가운데 무척이나 복잡하였다. 그들은 대개 중국의 국민혁명 또는 공산혁명과 자민족의 독립은 밀접한 관련이 있다고 믿었다. 그러한 기대에는 알게 모르게 그들이 어릴 때부터 젖어온 중화사관의 작용이 있었다. 일찍이 국경을 넘은 독립지사들은 손문의 신해혁명에 참여하였다. 신규식申圭植은 대한제국의 무관 출신이다. 나라가 망하자 음독을 했으나 실패했으며, 그 부작용으로 한쪽 눈의 신경이 마비되었다. 이후 자호를 예관睨觀이라 하였다. 예관은 1911년 중국으로 망명하여 손문의 동맹회同盟會에 가입하여 신해혁명의 시발이 된 무창의거武昌義擧에 참여하였다. 예관은 1912년 손문을 접견하는 영광을 누렸다. 중국인이 발행한 『민권보民權報』라는 신문에 기고한 「배알손중기拜謁孫中記」에서 예관은 그때의 장면을 다음과 같이 기술하였다. "선생이 앉으라고 했으나 나는 일어선 채로 먼저 "중화민족 만세, 아세아의 첫 번째 대총통 만세"를 외쳤다. 선생이 나를 이렇게 환대한 것은 동포에 대한 박애의 지극한 뜻과 이웃 나라가 망한 것에 대한 애통함에서 나온 것이다."[13] 이처럼 신규식은 조선인과 중국인을 '동포'로 간주하였다.

9년 뒤 신규식은 다시 손문을 접견하는 영광을 누렸다. 1921년 5월 신규식은 대한민국 임시정부의 국무총리 서리에 임명되었다. 동년 10월 그는 임시정부를 대표하여 임시정부의 승인과 지원을 요청하는 국서를 전달하고자 중국 광동에 소재한 손문의 호법정부護法政府를 찾았다. 10월 30일 신규식 일행은 호법정부 요인들의 환대를 받은 다음, 손문 총통을 비공식으로 접견하였다. 그 자리에서 손문은 신규식에게 "우리 모두 황제黃帝의 자손"이라고 한 다음, 양국 관계에 대해 다음과 같이 이야기하였다.

> 중국과 한국 양국은 동문동종同文同種으로서 본래 형제의 나라이다. 그 유구한 관계의 역사로 인해 수레의 두 바퀴가 서로 기대고 입술과 이가 서로 의지함과 같아 잠시라도 떨어질 수 없음이 마치 서방의 영국과 미국과 같다.[14]

11월 18일 손문 호법정부의 북벌北伐 선포식이 성대하게 거행되었다. 호법정부가 임시정부의 전권 대사 신규식을 공식 접견하는 자리이기도 하였다. 손문 대원수가 호법정부의 전 각료, 의원, 장군들이 양측으로 도열한 회장의 중앙에 섰다. 군악이 크게 울리는 가운데 신규식 대사가 느린 걸음으로 입장하였다. 대사는 총통을 향해 한 번 국궁鞠躬의 예를 올렸다. 앞으로 나아가 회장 중앙에서 다시 총통을 향해 국궁하였다. 더 나아가 총통의 면전에서 다시 국궁하였다. 총통은 일일이 답례하였다. 그러자 대사가 한 걸음 더 나아가 총통과 호법정부를 찬양하는 글을 읽고 임시정부의 국서를 봉정한 다음 제자리로 돌아왔다. 총통은 다음과 같이 말했다. "중국과 한국은 평소 형제의 나라로서 우의의 깊은 전통을 가지고 있다. 지금 귀국 임시정부가 전임 대사를 파견하여 우리 호법정부를 방문하니 실로 영광이고 다행이다. 이제 양국의 외교 관계가 열렸으니 장차 선린우호의 길을 길이 보전하자."

이에 대사가 한 걸음 나아가니 총통이 대사와 악수를 하고 이승만李承晩 대통령의 안부를 물었다. 대사가 안녕하다고 고하니 총통이 대사와 다시 악수하였다. 대사가 제자리로 돌아와 느린 걸음으로 후퇴하여 총통에게 한 번 국궁하였다. 후퇴하여 회장의 중앙에 이르러 다시 국궁하였다. 후퇴하여 회장의 문 앞에 이르자 다시 국궁했으며, 총통이 일일이 답례하였다.

이튿날 광주廣州의 여러 신문이 "손문 대원수, 한국의 전사專使 신규식을 정식으로 접견"이라는 제목으로 당시의 광경을 보도하였다.

이후 임시정부는 신규식이 손문을 향해 여섯 차례 국궁한 것을 두고 논란에 휩싸였다. 왕조 시대도 아닌데 마치 황제를 대하듯이 지나치게 비열한 예를 거행했다는 비난이었다. 신규식은 성의를 다해 맡은 바 사명을 완수했으며, 비공식이나마 손문으로부터 임시정부를 승인하겠다는 답변을 얻어냄에 성공하였다. 그럼에도 논란은 가라앉지 않았다. 다른 보다 큰 요인도 작용하여 임시정부는 분열하였다. 신규식 내각은 붕괴했으며, 그는 깊이 절망하였다. 1922년 9월 그는 일체의 곡기를 끊었으며, 25일 만에 숨을 거두었다.

순망치한

손문이 과연 조선인의 복국復國 운동을 지지할 의사가 있었는지는 의문이다. 혁명 초기 그는 한족漢族, 만주족滿洲族, 장족藏族, 회족回族, 몽고족蒙古族으로 이루어진 오족공화五族共和의 기치를 내걸었다. 혁명으로 야기된 혼란의 와중에서 이들 종족이 중국에서 떨어져 나감을 우려해서였다. 실제로 혁명 이후 몽고가 중국으로부터 독립하려는 움직임을 보였다. 손문이 보기에 그것은 몽고를 중국에서 떼어 내려는 러시아의 음모로서 중국에 대한 위협이었다. 혁명이 어느 정도 안정되자 손문은 오족공화의 깃발을 내리고 한족 중심의 오족융합五族融合을 주장하였다.[15] 그는 처음부터 전통적인 중화사관의 소지자였다. 그는 만주족, 장족, 회족, 몽고족을 미개한 종족으로 간주했으며, 그들을 중국의 보호를 받아야 할 중국의 일부로 간주하였다.

손문의 조선 인식도 마찬가지였다. 조선은 이미 일본에 의해 중국에서 떨어져 나간 중국의 구영토였다. 1924년 2월 손문은 민족주의에 대해 강연하였다. 그 자리에서 그는 "중국이 다시 강성해진다면 베트남과 조선도 중국에 복속시켜달라고 요구해 올 가능성이 있다"고 하였다.[16] 중국은 예부터 평화의 나라이며, 주변의 약소국은 중국의 보호를 구하여 조공을 바침을 영광으로 여겼다는 중화사관의 숨길 것 없는 표현이었다. 신규식이 성의를 다해 여섯 차례나 국궁의 예를 올리는 것을 보면서 손문은 중화제국의 옛 영광을 떠올렸는지 모른다.

손문과 호법정부의 요인들은 신규식에게 양국의 관계를 입술과 이의 관계로 비유하였다. 중국사에서 그 말의 유래는 길다. '순망치한脣亡齒寒'이라 했던가. 입술이 없으면 이가 시린 법이다. 1880년 일본에 주재한 청국 공사 하여장何如璋은 본국 정부에게 "조선은 아시아의 요충으로서 중국의 왼팔과 같은데, 만약 조선이 망하면 그 후환을 이루 다 말할 수 없다"고 하면서 시급히 조선의 내·외정을 장악할 필요성을 제기하였다. 그렇게 조선은 중국의 왼팔이기도 하였다.

손문의 후계자인 장개석蔣介石 총통의 입장도 마찬가지였다. 1931년 만주사변 이후 장개석은 일본과의 전쟁 수행에서 대한민국 임시정부가 지닌 전략적 가치에 주목하고 임시정부를 재정적으로 지원하였다.[17] 거기에는 장차 한반도에 대한 중국의 전통적인 후견권이나 영향력을 재건하려는 의도가 깔려 있었다. 주지하듯이 1943년 11월 미국, 영국, 중국의 세 영수가 카이로에 모여 일본과의 전쟁 이후 한국의 독립을 약

속하는 선언문을 작성하였다. 그해 연말 장개석 총통은 '카이로선언'과 관련하여 자신이 거둔 외교적 성과를 다음과 같이 말하였다.

> 계획한 대로 카이로선언이 출간되었다. 이는 우리의 승리를 보증하는 외교적 성과였다. 지난 30년간 지속된 나의 투쟁이 드디어 열매를 맺기 시작하였다. (중략) 카이로선언에 의한 동북(만주)과 대만의 반환, 전후 한국 독립의 회복에 따라 우리의 반半식민지적 지위와 지난 100년 우리에게 쌓여 있던 국가적 불명예가 완전히 제거되었다.[18]

이처럼 장개석에게서 한국의 독립 회복은 지난 100년에 걸친 중국의 '반식민지적 지위'와 '국가적 불명예'를 완전히 제거하는 사건의 하나였다. 이 기묘한 말의 기저에는 독립 한국에 대한 중국의 전통적인 후견권을 회복함은 중국의 양보할 수 없는 권리라는 중국 지도부의 숨은 의지가 깔려 있었다. 그 같은 중국의 속내를 카이로에 모인 미국과 영국의 수뇌가 모를 리 없었다. 미국은 전쟁 이후 미국이 주관하는 국제기구에 의해 한국을 일정 기간 신탁통치할 방침이었다. 미국의 루즈벨트 대통령은 이런 미국의 방침을 확인하면서 장개석 총통에게 다음과 같이 주의를 주었다.

> 당신은 만주를 가질 수 있고, 당신은 팽호도를 가질 수 있고 대만도 가질 수 있지만, 한국은 가질 수 없소. 한국은 일본에서 분리해서 국제적 감독 기간을 거친 후 독립이 주어져야만 하오.[19]

루즈벨트의 호의로 카이로회담에 초청된 처지에서 장개석은 미국의 그 같은 입장을 거부할 수 없었다. 선언문이 작성되는 과정에서 중국은 침묵으로 일관하였다. 그렇다고 중국의 입장이 바뀐 것은 결코 아니었다. 그것은 바꾸기에는 너무나 전통적이었다. 1944년 미 국무부는 전쟁 이후 중국과 영국이 한국 문제에 대해 어떤 방침을 가지고 있는지를 조회하였다. 그에 부응하여 중국의 군령부는 중국군은 미국군, 영국군과 함께 한국에 진공하여 한강 이북에 진주하며, 장차 창설될 한국군의 중심은 중국이 결성하고 지원해 온 광복군이 맡아야 한다는 입장을 정리하였다. 주영국 중국대사 고유균顧維均은 연합군이 한반도에 진공한 후 임시정부를 구성하되 외교, 국방, 경찰 부문에 3년간 중국인 고문을 두어야 한다고 건의하였다. 주미국 중국대사 위도명魏道明은 분열된 한인 세력의

중심으로서 중경에 있는 김구金九의 한국독립당韓國獨立黨을 지원해야 한다고 주장하였다.[20]

이 같은 장개석 정부의 방침은 이후 모택동毛澤東의 군대와 내전에 휘말리고 대만으로 쫓겨남에 따라 실현의 기회를 누리지 못하였다. 그렇지만 장개석의 한국 방침은 그를 대신하여 중국을 차지한 모택동에게 계승되었다. 북한의 김일성金日成, 소련의 스탈린, 중국의 모택동이 합동 모의하여 일으킨 6·25전쟁은 예상 밖으로 미국이 참전함으로써 새로운 국면을 맞이하였다. 미국군이 인천에 상륙하자 모택동은 주변의 반대에도 불구하고 서둘러 중공군을 파견하였다. 그가 내세운 참전의 명분은 "입술이 없으면 이가 시리다" 바로 그것이었다.

"한국은 중국의 일부였다"

이후 70년의 세월이 흘렀다. 그간에 있었던 양국 관계의 역사에 대해 여기서 언급할 여유는 없다. 아무리 파란만장해 보여도 역사의 밑바닥은 소리 없이 천천히 흐른다. 그 장기의 흐름에서 70년의 세월은 큰 변화를 보기엔 너무 짧다.

[자료19] **항주의 송성 역사 쇼에서 고려의 무용단이 송 황제 앞에서 춤추는 장면, 2016년**

2016년 가을 나는 중국 절강성의 항주를 여행하였다. 유명한 서호西湖를 구경하고 거기서 1박하였다. 아침이 되어선 소동파가 쌓았다는 소제蘇堤를 일주하였다. 그날 밤엔 송성宋城이라는 항주의 유명한 쇼를 관람하였다. 항주는 남송南宋의 수도이다. 송성은 그 역사를 기념하는 쇼이다. 마지막 무대에선가 송 황제의 생일을 맞아 축하연이 성대하게 벌어진다. 여러 소수 민족의 무용이 황제 앞에서 차례로 펼쳐진다. 맨 마지막 순서에 나의 눈은 휘둥그레졌다. 고려의 가무단 19명이 송 황제 앞에서 장구춤을 추는 것이 아닌가. 나는 항주 여행의 좋은 기분을 잡치고 말았다.

다음 해 2017년 4월. 중국의 습근평 주석이 막 취임한 미국의 트럼프 대통령을 방문하였다. 그 자리에서 습근평은 "역사적으로 한국은 실제로 오랫동안 중국의 일부였다"라는 취지의 발언을 하였다. 전후 맥락을 자세히 알 순 없으나 그 얼마 전 미국이 사드(THAAD, 고고도 미사일 방어 체계)를 한국에 배치한 것과 관련하여 역사적으로 중국의 일부인 땅에다 그런 민감한 군사시설을 설치할 수야 없지 않은가라는 항의였는지 모른다. 원래 중국의 일부였으니 장차 그렇게 도모하겠다는 중국의 각오를 전하는 자리였을 수도 있다. 한반도에 관한 중국 지도부의 생각은 지난 70년의 세월에도 불구하고 조금도 변하지 않았다.

두어 달 뒤 트럼프 대통령은 그 같은 습근평의 발언을 공개하면서 "이건 사람들이 보통 아는 바와 다르다"라고 하였다. 나에겐 이후 이 나라 정부와 민간이 보인 대응의 양태가 더욱 더 충격적이었다. 정부는 습근평의 주장을 부정하는 간략한 코멘트를 냈을 뿐, 중국 정부에 공식 항의하지는 않았다. 언론을 포함한 민간의 반응은 무덤덤하거나 없는 편이었다. 내 생각을 솔직하게 말하면 그 같은 중국의 역사 이해를 죄다 부정하기는 어렵다. 그렇다고 침묵해서는 안 된다. 이럴 때 영어권에서 즐겨 사용하는 말이 있다. So what? 그래서 어쨌다는 말인가?

대한민국은 자유인의 공화국이다. 이 나라는 더는 중국이 흘러간 역사를 거론하며 연고를 주장할 나라가 아니다. 그 낡아빠진 중화사관으로 중국은 거의 망하였고 세계의 조롱거리가 되지 않았는가. 우리는 그 중화사관으로 아예 폭삭 망하였다. 그런데 또다시 그 저주의 중화사관인가. 습근평의 발언은 70년 전 자유인의 공화국으로 성립하고 번영한 이 나라에 대한 모독이다. 더구나 북한, 소련, 중국이 모의하여 벌인 그 전쟁에서 이 나라가 자유의 이념으로 그의 강산을 통일하고 북한 동포를 구원하려 했을 때 군대를 파견하여 훼방을 놓은 나라가 중국 아니었던가. 중국에는 아직 자유가 없으며, 중국인은 아직 자유 이념을 알지 못한다. 그러한 한 중국의 장래는 밝을 수 없다. 이 같은 논리로 공산당체제의 중국을 타박하고 습근평의 경박한 발언에 대한 취소와 사과를 요구할 일이었다. 그렇지만 책임 있는 당국자나 집권 세력의 정치가 누구도 그렇게 하지 않았다. 왜 그랬을까. 그렇게나 힘든 일이었을까. 실은 지난 수십 년에 걸친 한국 정치, 사회, 지성의 동태를 살피면 그들로부터 그러한 논리와 용기를 기대하는 것은 그야말로 나무에 올라가 물고기를 구하는 엉뚱한 일임을 쉽게 알 수 있다.

얼빠진 서울대학교

2014년 7월 습근평 중국 국가주석이 박근혜 대통령의 초청으로 이 나라를 국빈 방문하였다. 그 기간에 그는 서울대학교에 들러 총장 이하 여러 교수와 학생들을 대상으로 강연을 하였다. 신문 보도에 의하면 원래 습근평의 순방 일정에 없었는데 서울대학교의 초청으로 마련된 행사였다. 다음 날 신문이 보도한 강연록을 세밀히 읽은 나는 매우 정성 들여 준비한 훌륭한 강연이라고 생각하였다. 곳곳에 인용된 동양적 수사의 아름다움도 인상적이었으며, 개방과 협력을 통해 새로운 미래를 건설해 가자는 제안의 보편성이나 진취성도 설득력이 있었다.

습근평의 강연은 한중 양국이 오랜 역사에서 고락을 같이한 친밀한 이웃임을 강조하는 것에서 시작하고 있다. 그는 16세기 말 임진왜란 때 양국의 백성과 군인들은 어깨를 나란히 하여 일본과 싸웠으며, 20세기 일본 군국주의가 한국과 중국을 침략했을 때 역시 양국 국민은 생사고락을 같이했다고 하였다. 그는 교묘하게 한국인이 안고 있는 종족주의적 반일 감정을 자극하면서 한중 양국이 일본과의 두 차례 전쟁에서 이룩한 협력 관계를 사실 이상으로 미화하였다. 솔직히 말해 두 차례 전쟁에서 한국이 중국과 어깨를 나란히 한 것은 아니다. 그는 한국인의 자존심을 살리고 중국에 대한 우호 감정을 끌어내기 위해 그렇게 말하였다. 나는 그 정도의 과장은 특정한 목적으로 행해지는 정치가의 강연에서 충분히 있을 수 있는 일이라고 양해하였다.

연후에 습근평은 중국 특색의 사회주의 체제에서 21세기 중반까지 민주화되고 문명화된 소강사회小康社會를 건설하려는 '중국몽中國夢'을 소개하였다. 그리고 이 꿈을 성취하기 위한 중국의 기본자세와 정책을 다음의 세 가지로 요약하였다. 첫째 중국은 주변국 나아가 세계와의 관계에서 언제나 평화를 사랑하는 나라가 될 것이며, 둘째 변함없이 협력을 추구하는 나라가 될 것이며, 셋째 언제나 주변국으로부터 배우려는 겸손한 자세를 유지하는 나라가 될 것이다. 그의 강연은 한국도 이러한 중국과 함께 아시아의 큰 이익공동체를 건설해 가자는 제안으로 끝을 맺는다.

그 무렵 한국의 적지 않은 정치가, 학자, 평론가들은 영미가 주도해 온 근대문명의 대안으로 중국이 주창하는 중국몽에 낙관적인 기대를 걸고 있었다. 나는 그러한 부박浮薄한 지적 동향에 회의하는 입장이다. 앞에서 지적한 대로 중국에는 자유의 이념이 없다. 공산당체제의 중국이 허락하는 이른바

'사회주의 핵심 가치'의 하나로서 '자유'는 가난의 굴레에서 벗어나 물질적 욕망을 마음껏 충족할 수 있는 그것 더 이상이 아니다. 근대적 개인의 기초로서 정치적 자유가 결여된 사회나 국가에서 진정한 의미의 창조와 혁신은 일어날 수 없다. 중국경제의 성장은 시장과 자원의 광대함에 기인한, 언젠가 장벽에 부딪힐 수밖에 없는 양적 성장에 불과하다.

앞서 내가 습근평 주석의 강연을 높이 평가한 것은 역설로 들릴지 모르겠지만 중국에 대한 나의 전망이 이같이 비관적이기 때문이다. 그는 중국에 대해 부정적이거나 적대적일 수 있는 한국의 지식인 사회를 대상으로 최대한의 배려와 겸손의 자세로 중국몽의 메시지를 전하고자 했다. 그는 누차 한중 양국은 "피가 물보다 진하듯이" 역사적으로 깊게 누벼진 인연의 이웃임을 강조하였다. 뒤집으면 한국은 중국을 떠날 수 없는 나라라는 겁박이 숨겨진 말이기도 하다. 강연록을 다 읽은 나는 그 주도면밀함과 암중모색에 깊은 한숨을 쉬었다. 서울대학교의 총장은 무슨 심사로 역사적으로나 현실적으로 복잡 미묘할 수밖에 없는 강연의 자리를 중국을 대표하는 그에게 베풀었던가.

그리고 얼마 뒤의 일이다. 강의실에서 어느 학생이 말하였다. "교수님, 도서관에 이상한 장소가 생겼어요." 며칠 뒤 중

[자료20] **서울대학교 중앙도서관 '시진핑 기증 도서실'의 두 의자, 2017년 3월**

앙도서관을 찾으니 사람이 많이 다니는 요처에 '시진핑기증 도서실'이 마련되어 있었다. 강연 이후 습근평이 서울대학교에 기증한 1만여 권의 책을 비치한 꽤 넓은 방이다. 한쪽 벽에는 그의 강연 장면과 그에 대한 중국 관영신문의 대서특필이 사진 자료로 전시되어 있다. 도서관에 어울리지 않은 정치적 기념관의 분위기이다. 그런 가운데 [자료20]에서 보는 두 의자가 붉은 카펫 위에 45도 각도로 마주 놓였다. 의자 위에 플라스틱에 새겨진 안내문이 놓였는데, "이 의자는 시진핑 중국 국가주석 및 펑리위안 여사께서 서울대 강연 시 앉은 의자입니다. 눈으로만 봐 주십시오"라는 내용이다.

그 의자는 서울대학교의 여러 회의실과 휴게실에 널린 보통의 소파이다. 그런데 습근평 주석의 부부가 앉았던 의자라 해서 특별한 의미를 부여한 다음, 범인凡人은 함부로 앉지 말라는 경구를 붙였다.[21] 왕조시대에 왕이 지방을 순행하다 머문 민간의 집을 거룩히 여겨 나중에 그 주인의 접근까지 막았던 짓과 다를 바 없다. 2018년 7월의 일이다. 서울대학교 중앙도서관은 '시진핑 주석 방문 4주년 기념' 강연회를 개최하였다. 흔히들 이 나라의 지성 사회를 대표한다고 여겨지는 서울대학교이다. 그렇지만 총장 이하 보직 교수들의 이 같은 행태를 보면, 중국을 부모로 모셨던 조선왕조의 "알아서 기는"[22] 문화가 유전자로 성숙하여 여전히 이 나라의 지도층을 강하게 구속하고 있는 무뇌無腦의 서글픈 현실을 간파할 수 있다.

후조선 시대

2017년 연말 문재인 대통령은 중국을 공식 방문하였다. 습근평 주석의 서울대 방문에 답례라도 하듯이 그는 북경대학을 찾아 연설하였다. 연설 중에서 양국 관계는 다음과 같이 묘사되었다.

> 중국이 법과 덕을 앞세우고 널리 포용하는 것은 중국을 대국답게 하는 기초입니다. (중략) 중국은 단지 중국이 아니라 주변국들과 어울려 있을 때 그 존재가 빛나는 국가입니다. 높은 산봉우리가 여러 작은 산봉우리와 어울리면서 더 높아지는 것과 같습니다. 그런 면에서 중국몽中國夢은 중국만의 꿈이 아니라 아시아 모두 나아가서는 전 인류와 함께 꾸는 꿈이 되길 바랍니다.

중국은 높은 산봉우리이고 우리는 낮은 봉우리 중의 하나이다. 중국의 산봉우리가 높은 것은 주변의 낮은 산봉우리와 함께 어울리기 때문이다. 그래서 예부터 중국은 덕으로 주변국을 다스리는 세계의 중심이었으며, 앞으로도 그러할 것이다. 문 대통령의 이 기막힌 중국 찬사는 그가 의식하든 말든, 천하제일의 곤륜산, 그 환상의 산이 발하는 기맥으로 우리 국토의 정기가 서리었다는 18세기 조선왕조의 선비들이 간직한 국토 감각과 가깝다.

때를 같이 하여 노영민이 중국대사로 파송되었다. 그는 나중에 대통령 비서실장으로 발탁된 현 집권 세력의 핵심 인물이다. 그는 중국 정부에 신임장을 제출하는 자리에서 '만절필동공창미래萬折必東共創未來'라는 글을 남겼다. 중국 대륙은 서쪽이 높고 동쪽이 낮다. 모든 물은 동쪽으로 흐른다. 막히면 돌아가거나 고이지만 끝내 동쪽으로 흘러 바다로 들어간다. '만절필동'은 물의 흐름이 그렇듯 역사도 끝내 순리로 흐른다는 뜻이다. 노영민은 중국과의 지난 역사에 우여곡절이 많지만, 함께 밝은 미래를 개척해 가자는 좋은 뜻으로 그런 글을 남겼다. 이후 '만절필동'은 현 집권 세력의 대중국 외교방침을 상징하는 말이 되었다. 2019년 3월 문희상 국회의장이 미국에 건너가 하원의장을 접견하였다. 그는 자필로 쓴 '만절필동'이란 휘호를 그에게 선물하였다. 뒤이어 5월 그는 중국 북경대학을 방문했는데, 그때도 '만절필동'을 언급하였다. 현재 북핵 문제로 여러 우여곡절을 겪고 있으나 역사는 기어코 순리대로 풀릴 것이니 참고 기다리자는 취지였다. 그러면서 그는 "어떠한 평화도 전쟁보다는 낫다"라는 속내를 알기 힘든 괴이쩍은 말을 남겼다.

아무리 뜻이 좋다지만 그에 묻어 있는 슬프고도 부끄러운 역사마저 지울 수는 없다. 앞서 소개한 대로 1684년 중국 명 황실의 마지막 세력이 소멸하였다. 1703년 지배 정파인 서인의 영수 송시열이 제자들에게 임진왜란 때 원병을 보내준 명의 만력제를 모시는 사당을 세우라는 유언을 남겼다. 그러면서 그는 그와 함께 북벌 대의를 모의한 효종이 읊은 '만절필동재조번방萬折必東再造蕃邦'이란 시구를 상기하였다. "황하가 일만 번 굽이쳐도 동쪽으로 흐르니, 명나라가 도와서 제후의 나라를 다시 세웠네"라고 번역된다.[23] 이렇게 조선의 정치가들에게 '만절필동'은 중국의 문명과 정치적 영향이 동쪽으로 흘러 이 나라 조선을 다시 세운 사건을 상징하는 뜻이었다. 이후 충청도 화양 계곡에 만동묘가 세워지고 조선의 선비들이 가파른 계단을 개처럼 기어올라 1937년까지 만력제의 혼령에 제사를 올렸음은 조금 전에 소개한 그대로이다. 그 역사를 모를 리 없는 이 나라의 정치가들이 중국과 미국을 다니면서 '만절필동'을 소리칠 때 일본을 포함한 자유 우방의 지도자들은 어떠한 느낌을 받았을까. 여러 외신을 종합할 때, 그들은 아무래도 저 나라 한국은 가까운 장래에 중국으로 포섭되고 말리라는 불길한 예감을 공유하기 시작하였다. 아니나 다를까 문재인 대통령의 입에서 차마 들을 수 없는 말을 듣고 말았다.

2020년 초 코로나19가 국제적으로 유행하기 시작하였다. 문 대통령은 중국발 여행객의 입국 금지를 포함하는 방역체제를 논의하는 비서관들과의 회의에서 중국을 두고 우리와 '운명공동체'라고 하였다. 보통 한 민족을 두고 정치적으로 운명공동체라고 한다. 문 대통령은 과연 한국과 중국을 한 민족으로 의식한 것일까. 어쨌든 문헌을 뒤지면 선례가 풍부한 정치적 수사이다. 대한민국 임시정부의 신규식은 조선인과 중국인을 '동포'라 하였다. 중국 호법정부의 손문 총통은 중국인과 조선인을 다 같은 황제黃帝의 자손으로서 '동종동문'이라고 하였다. 그 말은 일제가 조선을 지배하면서 자주 썼던 말이기도 하다. 일본과 조선은 원래 하나라는 지배를 정당화하는 논리였다. 그 고약한 동종동문론이 100년의 역사를 격隔한 뒤 문재인 대통령의 '한중韓中 운명공동체론'으로 부활하였다. 손문은 "중국이 다시 강성해진다면 조선도 중국에 복속시켜달라고 요구해 올 가능성이 있다"라고 말하였다. 그 예언은 기어코 실현되고야 말 것인가.

이러한 근자의 세태를 두고 강규형은 "우리는 후조선後朝鮮 시대로 역주행하는가"라고 탄식하였다.[24] 오늘날의 한국인은 자유 이념이 무엇인지 알지 못한다. 72년 전 이 나라가 자유인의 공화국으로 세워진 역사와 세계사적 배경에 대해 알지 못한다. 해마다 한글날이면 조선왕조의 세종이 엉뚱하게도 이 나라 민주주의의 원조로 칭송되고 있다. 노비·기생제를 확립하고 대명對明 사대체제를 정비한 국왕이었다.[25] 그런 임금을 이 나라 민주주의의 원조로 칭송하니 이 나라의 정치와 지성은 조선왕조의 그것과 별반 다르지 않다. 자유민주주의는 이런 수준의 정치와 지성이 지배하는 나라에는 어울리지 않은 사치품이다. 중국을 세상에 우뚝 솟은 산으로 쳐다보고, 자국을 주변의 작은 산으로 낮추는 그런 나라가 가까운 장래에 그 큰 산의 그림자 속으로 포섭되고야 말 것임은 굳이 손문과 같은 큰 정치가가 아니라도 누구나 쉽게 예언할 수 있는 일이다.

7

끝내는 말

요약

호수는 어디에? 책을 시작하면서 던진 질문이다. 여기서 답한다. 호수는 없었다. 우리 조상들은 그 호수를 김제의 벽골제로 알았다. 그들에게 벽골제는 중국의 동정호처럼 큰 호수였다. 동정호를 경계로 중국의 호남과 호북이 생겼다. 마찬가지로 이 나라에서 호남과 호서가 생긴 것은 벽골제 때문이었다. 미안한 지적이지만 우리 조상의 그 같은 생각은 틀렸다. 김제 일대의 평야는 바다와 강의 충적 작용으로 생겨난 한반도에서 지표가 가장 낮은 곳이다. 지금도 바닷물을 막는 갑문이나 방조제가 없다면 김제역 앞까지 서해의 바닷물이 밀려

올라올 곳이다. 그런 곳에 큰 호수가 조성될 수 없음은 조금만 생각해 보면 누구나 알 수 있는 일이다. 4세기 초반 마한 시대에 김제에는 벽비리란 나라가 있었다. 벽골제는 그 나라가 바닷물을 막아 제방 안쪽을 개간하기 위해 세운 방조제였다. 고고학, 해안수리학, 토목공학, 지리학의 여러 전문가들이 공통으로 그렇게 이야기하고 있다. 벽골제 유적에 서 있는 석조 수문은 그 구조가 바닷물을 막는 갑문이다. 물을 가두고 내보내는 저수지의 시설이 아니다.

벽골제가 큰 호수라는 환상은 언제부턴가 시작하여 12세기까지 성립하였다. 그것이 둘레 107km 또는 245km의 초대형 호수라는 환상은 13세기에 성립하였다. 송의 성리학을 수용한 고려의 학자들은 자국의 자연과 역사를 중국의 관점에서 새롭게 감각하고 해석하기 시작하였다. 그들은 중국과의 전쟁에서 승리한 민족의 영웅을 자국의 역사에서 지우기 시작하였다. 12세기 이래 중국의 동정호를 배경으로 한 소상팔경의 그림과 시가 전해졌으며, 그러한 역사관과 자연관을 배양하는 촉매로 역할을 하였다. 어느덧 벽골제와 그 남쪽 지방은 중국의 동정호와 소상팔경에 비견되기 시작하였다. 14세기 후반 전라도 일원을 '호남'으로 별칭하는 풍조가 생겨난 것은 그러한 추세를 타고서였다. 16세기가 되어선 충청도 일원을 '호서'로 별칭하였다.

조선왕조는 그 개국의 정통성을 기자조선에서 찾았다. 기자라는 중국의 성인이 우리 동방으로 건너와 밝은 문명을 일으켰다는 중국인이 만들어낸 근거 없는 설화였다. 조선왕조의 국가체제는 왕과 귀족이 백성을 보호하고 지배하는 관계를 합리화하고 재생산하는 자기 완결의 구조를 갖추지 못하였다. 조선 국왕이 누린 권력의 정당성은 기본적으로 중국의 황제가 그를 왕으로 책봉하는 국제질서에서 주어졌다. 조선왕조의 국가체제는 천자天子-제후諸侯-대부大夫-사士-서庶의 위계로 짜인 예의 국제질서를 기본 원리로 하였다. 하늘이 변할 수 없듯이 조선왕조의 국가체제는 요지부동의 안정성을 구가하였다.

15세기까지만 해도 조선왕조와 명과의 사대·책봉 관계는 제후국 나름의 자주성을 견지하는 가운데 형식적 의례로서의 특질을 보지하였다. 그러한 역대 왕조로부터의 전통이 사라지고 명과의 관계가 부자父子의 혈연관계로 변질하는 것은 16세기부터이다. 조선 국왕과 양반 세력과의 정치적 갈등이 국가체제의 그러한 열성劣性 변화를 초래하였다. 명이 세계의 중심으로 중화인 것은 보편적인 문명개화의 중심이기 때문이 아니라 한족漢族이 세운 나라라는 혈통의 정통성에서 그 근거가 찾아졌다. 마찬가지로 조선이 여진, 일본 등의 이종夷種과 달리 소중화인 것은 그 혈통에서 준화종準華種이기 때문이다. 이 같은 혈통 감각은 내부의 이종으로서 노비 등 천민 신분에 대한 지배를 정당화하였을 뿐 아니라, 명과의 관계를 부자의 혈연관계로 변이變移하는 필연성으로 작용하였다.

조선왕조의 이 같은 국제 의식은 16세기 말 일본의 침략을 맞아 위기에 처했을 때 명의 황제가 군대를 파견하여 구원해 줌으로써 더욱 확고해졌다. 조선의 지배층은 그들의 나라가 명 황제로부터 다시 지음의 은혜를 입었다고 감읍하였다. 혈통에 기초한 조선왕조의 중화사관과 소중화론은 중국의 주인이 청으로 바뀐 이후에도 변하지 않았다. 조선의 국왕은 청 황제에 굴복하여 그의 신하가 되었지만, 그 복심에서는 명을 이은 세계의 중심으로서 소중화를 자처하였다. 조선의 국왕과 양반 세력은 대보단과 만동묘라는 명의 황제를 받드는 제단을 경쟁적으로 건립하였다.

이 같은 역사적 추이와 보조를 맞추어 조선의 자연과 국토도 중국적 모습으로 바뀌기 시작하였다. 동정호와 그 주변의 소상팔경은 그 자연의 아름답고 풍요로움에서만이 아니라 절세의 열녀와 충신이 순절한 고장이라는 그 도덕성에서 조선의 이상향이었다. 초대형 호수로 오해된 벽골제와 그 주변 지역이 국토 감각의 중국화를 이끈 촉매로서 역할을 하였다. 그에 따라 14세기 말 이래 호남, 호서, 기호라는 지역 별칭이 차례로 생겨났으며, 17세기 중반에 이르러 공식화하였다. 18세기 말이 되어선 수도 한성부의 풍물과 인간들마저 중국의 역대 황도皇都와 중국인의 모습으로 그린 성시전도가 제작되었다. 이 무렵 조선왕조 지배층의 역사 인식과 국토 감각은 철저하다고 할 정도로 중국화한 상태였다. 자국을 세계의 중심으로 간주하는 조선 소중화론 역시 그 무렵 절정에 달하였다.

본론에서 언급할 기회가 없었지만, 오늘날 한국학 연구자들은 18세기에 들어 민족의 주체성을 자각하는 실학實學 또는 진경眞景의 시대가 열렸다고 주장하고 있다. 나는 그러한 주장을 부분적 현상을 구조화한 오류의 학설로 비판한다. 그 시대의 주류는 조선의 역사와 자연을 중국적으로 감각하는 풍조였으며, 19세기 말까지 그러한 풍조는 오히려 심화하고 있었다. 18세기 이후 꽃피운 장편 대하소설이나 판소리와 같은 새로운 장르의 예술에서 그 같은 시대의 주류를 확인할 수 있다. 새로운 장르의 배경을 이루는 시공은 지배적으로 중국적이었다. 판소리가 평민예술이듯이 당초 지배층에 한정된 중국적 역사의식과 자연 감각은 평민의 정신세계로까지 널리 확산하였다. 『구운몽』과 같은 대하소설이나 「춘향전」「심청전」과 같은 판소리에서 동정호는 정절의 부인·효녀·충신의 혼이 깃든 종교적 성지였다. 동정호는 이승에서 저승으로 향하는 중간계로서 선인仙人과 귀신이 사는 곳이기도 했는데, 이는 전통 무속·도교·불교의 영향으로 빚어진 조선 특유의 사생관과 저승관의 충실한 반영이었다. 이 같은 정신문화의 흐름은 18세기 중엽에 이르러 백두산을 필두로 한 조선의 산천 일체가 중국의 곤륜산에 뻗어 나온 정기를 적장嫡長으로 계승했다는 국토 감각으로 발전하였다. 곤륜산은 전설로만 존재하는 환상의 산이었다. 1876년 개항 당시 국왕을 위시한 조선의 지배층은 이 같은 자폐적 역사 인식과 국토 감각에 꽁꽁 묶여 있었다. 17세기 이래 조선의 시간은 정지하였다.

20세기 초 조선왕조의 패망과 더불어 중화사관 내지 소중화론의 역사관과 자연관은 해체되었다. 그런데도 그 역사적 유제나 유산은 21세기 초 오늘날에까지 길게 이어지고 있다. 벽골제가 큰 호수라는 이해나 그에 근거한 호서와 호남의 지역 별칭이 그 살아있는 증거이다. 여러 전문가가 일대의 지형 조건에서 원래 방조제로 축조된 시설이었다고 해도 김제 지역사회나 우리 국민은 심드렁하다. 사안의 심각성을 전혀 느끼지 못한다. 그런 가운데 충청도와 전라도는 아무도 그 소재를 알지 못하는 호수의 고장으로 건재하고 있다. 그 환상이

어찌하여 이 민족을 망국의 노예로 빠뜨린 중화사관의 유산인가. 이 책은 그 역사적 인과를 관련 사료를 망라하여 추적하였다.

나라가 망한 뒤 중국으로 망명한 독립지사들의 정신세계는 전통 중화사관의 굴레에서 자유롭지 않았다. 그들은 국민혁명이든 공산혁명이든 중국의 혁명이 조선의 독립을 가져다줄 것으로 기대하고 참여하였다. 그들은 임시정부의 신규식이 그러했듯 조선인과 중국인을 '동포'로 규정하였다. 중국혁명의 지도자들도 마찬가지였다. 손문은 중국과 조선을 '동문동종'이라 하였다. 장개석은 조선의 식민지 상태는 중국의 '불명예'라고 하였다. 그는 독립 한국에 대한 중국의 전통적인 후견권을 회복할 꿈을 꾸었다. 모택동은 6·25전쟁에 중공군을 파견하면서 양국의 관계를 입술과 이에 비유하였다.

최근 습근평 주석은 미국 대통령을 만나 한국은 원래 중국의 일부라고 주장하였다. 그에 화답이나 하듯 한국의 문재인 대통령은 중국을 큰 산으로, 자국을 작은 산으로 비유한 가운데 양국의 관계를 '운명공동체'로 규정하였다. 자유민주주의의 이념에 입각한 건국 세력의 좌절과 후퇴가 거듭되는 가운데 그 빈자리를 근대 역사학과 정치학으로 포장한 조선왕조의 역사관과 정신문화가 매워 온 지난 60년이었다. 문 대통령의 한중韓中 운명공동체론은 그 무지한 세월의 업보이다. 이런 정신문화의 나라가 앞으로 얼마나 더 그 본연의 국가체제를 보존할 수 있을지는 참으로 회의적이다.

전투적 자유인을 위하여

호수는 어디에? 다시 대답한다. 호수는 없었다. 마찬가지로 호서와 호남은 없었다. 호서와 호남은 지금도 없다. 기호畿湖도 없다. 이 같은 주장에 사람들은 불쾌감을 느끼며 반론할 것이다. 호수를 낀 지역 별칭은 문학적 상상력의 소산이다. 우리의 정신문화재이다. 그것만으로도 존속의 이유가 충분하지 않은가. 아마도 그러한 논리일 터이다. 나는 이 책에서 호수를 낀 지역 별칭은 우리의 역사와 자연을 중국적으로 감각하고 해석해 온 우리의 실로 오래된 정치사 및 정신사와 궤를 같이하는 현상임을 입증하였다. 그 역사는 청산되어야 한다. 그 천년의 꿈은 깨어져야 한다. 나는 호서와 호남이란 지역 별칭은 공사의 영역에서 더는 쓰지 말아야 한다고 생각한다.

호서와 호남만이 아니다. 그것과 대척하면서 고약한 지역감정을 재생산하고 있는 영남, 영동, 영서의 별칭도 모두 없앨 필요가 있다. 그와 더불어 무려 천년을 넘긴 경상도니 전라도니 하는 도의 명칭도 폐합이 좋지 않겠는가. 명칭만이 아니라 지방 행정과 자치의 단위를 지금보다 훨씬 민주적이고 효율적으로 재편할 필요가 있다. 중앙정부의 권한을 대폭 축소하고 지방정부의 능력을 강화함은 미룰 수 없는 시대적 과제이다. 한마디로 국가체제의 일대 혁신이다. 호수를 찾겠다고 시작한 책의 결론치고는 너무 주제넘지 않은가. 이렇게 못마땅하게 여길 독자들이 있겠지만, 천년을 넘긴 도명이나 유래가 불투명한 그 별칭에 묻어 있는 역사의 부작용이 알게 모르게 너무 심각하기 때문으로 이해해 주길 바란다.

국가체제의 일대 혁신은 제도의 문제만이 아니다. 우리 국민 모두가 전투적인 자유인으로 성숙하는 정신문화의 길이기도 하다. 어느 선진국이든 그들의 근대사를 살펴보면 중세적 신민을 근대적 국민으로, 곧 자유와 독립의 개인으로 양육하는 교육혁명이 장기간 추진되었다. 우리의 역사에서 그러한 과정은 일천하거나 왜곡되었다. 되돌아보면 그러한 혁명을 추진할 지적 재산이 원래 빈곤한 가운데 건국을 제약한 내외 정치의 여건이 그에 순조롭지 않았다. 우리의 건국사는 전통 문명과 이식 근대의 접합이 무기획으로 방임되는 가운데 전통 문명이 근대의 탈을 쓰고 다시 권좌를 차지하는 귀결로 전개되었다. '조국 근대화'를 부르짖은 박정희 정부가 일제의 병탄에 항거했다 하여 망국의 주요 책임자 집단인 중화사관의 소지자들을 대거 포상한 것이 그 상징적 사례이다. 거꾸로 이승만 대통령을 비롯한 자유 이념의 건국 세력은 매도되었으며 매장되었다. 어찌할 수 없는 초라한 지성의 역사였다.

이 나라의 정치, 사회, 문화가 선진화하는 과정에서 언젠가는 부딪힐 큰 시련이 있다면 그것은 중국과의 관계에서이다. 공산체제의 중국이 추구하는 국제질서는 우리가 북한 동포를 해방하고 국토를 통일하려는 염원의 실현에서도 최대의 장벽이다. 이를 돌파할 지성과 용기가 이 나라 국민 하나하나의 정신문화로 성숙하지 않는다면 이 나라의 장래는 없다고 생각한다. 그런 민족에게 자유민주주의의 정치체제는 어울리지 않기 때문이다. 벌써 그러한 조짐이 사방에서 농후하다. 이미 일군의 학자들이 이 나라의 민주주의는 자유민주주의가 아니라고 주장하지 않았던가. 중국을 운명공동체로 의식하는 이 나라의 정치 세력은 참람하게도 우리의 헌법에서 '자유' 두 글자를 삭제하자는 주장까지 제기하였다.

위기가 목전의 코앞에까지 도달했음에도 아무런 느낌이 없음은 아직도 이 나라를 휘감고 있는 환상의 힘 때문이다. 내 기억만으로도 중국 정부가 우리 정부를 외교 관례에 어긋나게 모독하거나 중국에 진출한 우리 기업을 부당 처우한 일은 한두 번이 아니다. 그때마다 이 나라의 정부와 민간은 침묵하거나 굴종하였다. 어찌 저 큰 중국에 맞선단 말인가. 무의식에서라도 그러한 두려움 때문이지 않았기를 간절히 바란다. 되풀이하지만 그 침묵과 굴종은 아직도 이 나라를 휘감고 있는, 이 책에서 그 역사적 경과를 폭로한, 환상의 저주이다. 국가가 모독을 당하는데 가만히 견디는 국민이라면 독립 국가의 자유 시민이 아니다. 종속 국가의 노예와 농노이다.

나는 이 나라가 자유민주주의 국가체제를 지향하는 한 공산체제 중국과의 일대 충돌은 불가피하다고 생각한다. 상이한 이념과 체제의 두 이웃 국가가 언제까지고 평화롭게 공존할 수는 없다. 그것이 세계사이다. 여간한 용기로는 맞서기 힘든 위협일 수 있다. 다 죽고 한 사람만 살아남아도 좋다는 기개가 없이는 이길 수 없는 전쟁일 터이다. 일찍이 1904년 청년 이승만은 망국의 위기를 당하여 다음과 같이 부르짖었다.

> 지금 우리의 급하고도 급한 일은 다른 어떤 것에도 있지 않고 다만 백성들이 알려고 하고 또한 백성들이 알게 하는 데 있을 뿐이다. (중략) 서로 형편과 도리를 전파하여 얼마 안에 전국의 백성이 다 알게 하고 목숨을 버릴지언정 대한제국의 자

유 독립 권리는 나 혼자서라도 지켜서 우리 2,000만 동포 중에 1,999만 9,999명이 다 머리를 숙이거나 다 죽어 없어진 후에라도 나 하나는 태극 국기를 받들어 머리를 높이 들고 앞으로 나아가 한 걸음도 뒤로 물러가지 않기를 각각 마음속에 맹세하고 다시 맹세하고 천만 번 맹세합시다.[1]

지금도 타당한 권면이다. 언제부턴가 우리 역사에서 슬그머니 사라진 상무尙武 호국정신의 회복이기도 하다. 우선의 당면 과제는 우리를 나약하게 만들고, 우리를 분열시키며, 우리를 엉뚱한 방향으로 오도하는 역사관, 그 환상의 굴레를 타파하는 일이다. 그런 취지에서 이어지는 '환상의 나라' 시리즈 세 번째 작품을 미리 공지하면 『우리 민족끼리-그 망국의 조짐-』이다. 이 나라는 건국 이래 "우리 민족끼리"라는 구호에 시달려 왔다. 그런 구호를 외친 정치가가 존경의 대상으로 받들여져 왔다. 그 구호를 만들어 낸 우리의 정신문화를 해부하고, 그 속에 담긴 반일 종족주의와 종중從中 사대주의를 고발하며, 그 구호로 우리의 건국사를 왜곡한 주요 정치가를 비판하는 것이 그 책의 주요 내용이다.

주

1. 시작하는 말

1. 김진영·김현주 역주(1996), 『춘향가-名唱 張子伯 唱本-』, 박이정, 45쪽.

2. 서해숙(2017), 「호남지역 불천위제례의 역사문화적 전통과 현대적 조응」, 『남도민속연구』 34, 91쪽; 김미영(2010), 「불천위 추대 기준에 대한 제도적 담론적 고찰 -안동지역 사례를 중심으로-」, 『국학연구』 17, 399~433쪽.

2. 벽골제의 정체

1. 趙浚, 『松堂集』 七言絶句 其二.

2. 범선규(2003), 「'조선 8도'의 별칭과 지형의 관련성」, 『대한지리학회지』 38-5, 697쪽.

3. 범선규(2003), 같은 논문, 689쪽.

4. 위와 같음.

5. 李肯翊, 『燃藜室記述』 別集 地理典故 摠地理.

6. 丁若鏞, 『雅言覺非』.

7. 『承政院日記』 正祖 22年 5月 28日.

8. 『承政院日記』 正祖22年 6月 3日.

9. 1798년 6월 3일 자 승정원일기와 왕조실록에서 해당 표현은 延袤(남북)와 橫跨(동서)가 12개 군이라 하였다. 12군에 걸치는 범위라는 뜻이다. 이후 1800년 5월 6일 정조는 다시 벽골제에 대해 언급하는데, "벽골제의 관개 지역이 거의 10개 군"이라고 하였다(『承政院日記』 正祖 24年 5月 6日). 다소 차이가 있지만, 동일한 취지로 보아도 무방하다.

10. 1799년 정조는 전라도 암행어사 柳畊에 내린 편지에서 "전라도와 충청도가 나뉜 것은 세 호수(벽골제, 눌제, 황등제) 때문인데 과연 명승이고, 바닷길 천 리가 섬으로 이어졌으니 과연 요충이다"(『弘齋全書』 卷52 策文)라고 하였다. 정조가 벽골제를 국방상의 요충이라 한 것과 혹 관련이 있어 보이는 말이다.

11. 사진의 출처는 1911년의 『朝鮮農會報』 6券 8号이다.

12. 內部警務局(1910), 『民籍統計表』, 109쪽.

13. 박수진(2009), 「한반도 평탄지의 유형분류와 형성과정」, 『대한지리학회지』 44-1, 40~44쪽.

14. 홍금수(2008), 『전라북도 연해지역의 간척과 경관변화』, 전라북도·국민속박물관, 45쪽.

15. 제언의 둘레나 깊이를 재는 척은 보통 布帛尺이라 하여 길이가 46cm이다. 조수의 깊이를 잰 자도 포백척이었다고 짐작된다.

16. 안상진·백남대(2001), 「김제의 벽골제(碧骨堤)」, 『토목』 49-9, 11쪽.

17. 朝鮮總督府鐵道局(1914), 『湖南線建設槪要』, 9쪽.

18. 홍금수(2008), 『전라북도 연해지역의 간척과 경관변화』, 145~146쪽.

19. 양선아(2012), 「19세기 宮房의 干拓 – 扶安 三間坪 龍洞宮 庄土를 중심으로 –」, 『한국문화』 57, 43, 49쪽.
20. 허수열(2011), 『일제초기 조선의 농업』, 한길사, 382~384쪽.
21. 홍금수(2008), 『전라북도 연해지역의 간척과 경관변화』, 132~134쪽.
22. 미간행 자료이다. 자료를 제공해 주신 두 분께 감사드린다.
23. 엄밀히 말해 산이 보이지 않은 지평선이 아니라 바다에 연한 방조제로 이어진 지평선이다.
24. 南宮燧(1990), 「河川流域一帶 干潟地上의 干拓聚落 類型에 관한 研究 – 萬頃江·東津江流域을 事例地域으로 –」, 서울대학교 대학원 지리학과 박사학위논문, 52~56쪽.
25. 『東國輿地勝覽』 全羅道 金堤郡 古跡.
26. 『世宗實錄』 地理志 全羅道, "東津在扶安縣 泰仁井邑兩縣之水 合于金堤碧骨水 西流至興德東 與古阜 訥堤水交 爲東津."
27. 이영훈(2016), 『한국경제사Ⅱ』, 일조각, 468쪽.
28. 중수비는 현재 전북 김제시 부량면 벽골제 유적에 서 있다.
29. 포백척의 길이는 시대에 따라 동일하지 않았다. 46.66cm는 조선 전기의 포백척이다.
30. 『萬機要覽』 財用篇 5, 堤堰.
31. 『輿地圖書』 黃海道 遂安郡 堤堰.
32. 菅野修一(1986), 「李朝初期農業水利の發展」, 『朝鮮學報』 119·120, 335쪽.
33. 李基白(1970), 「永川 菁堤碑의 丙辰銘」, 『考古美術』 106·107, 28~32쪽.

34. 벽골제의 진행은 浦橋에서 南向이다. 이를 『김제군읍지』는 東向으로 잘못 그렸다.

35. 이영훈(2007), 「조정래와 MBC의 반박에 대한 재반박」, 『時代精神』 36, 124~125쪽.

36. 浩森一(1993), 「溝·堰·濠の技術」, 『古代日本の技術と知慧』, 大阪書籍.

37. 小山田宏一(2003), 「백제의 토목기술」, 『고대 동아시아와 백제』, 충남대학교 백제연구소, 369~391쪽; 「古代河内の開發と渡來人 - 田堤·碧骨堤·狭山池-」, 森浩一 他, 『古代日本と百濟』, 大巧社, 139~152쪽.

38. 박상현·최강원·이광야·엄명철·안중식(2003), 「벽골제의 방조제 가능성에 관한 연구」, 『한국관개배수』 10-1, 62~72쪽.

39. 김환기(2008), 「김제 벽골제의 토목공학적 고찰」, 『대한토목학회지』 56-12, 76~79쪽.

40. 곽종철(2010), 「청동기시대 - 초기철기시대의 수리시설」, 한국고고환경연구소 편, 『한국고대의 수전농업과 수리시설』, 서경문화사, 298~304쪽.

3. 벽골제의 역사

1. 『三國史記』 新羅本紀 2 訖解尼師今 21년 "始開碧骨池 岸長一千八百步."

2. 尹武炳(1976), 「金堤 碧骨堤 發掘報告」, 『百濟研究』 7, 10~11쪽.

3. 『三國志』魏志 東夷傳 韓 弁辰;『日本書紀』卷 第9 神功皇后 49年 3月.
4. 이영훈(2016),『한국경제사 I』, 일조각, 112~113쪽.
5. 이영훈(2016), 같은 책, 132~135쪽.
6. 전북대학교박물관·한국도로공사(2003),『金堤 大木里·長山里·莊山里 遺蹟』, 25~73쪽.
7. 김승옥(2007),「금강 유역 원삼국-삼국 시대 취락의 전개과정 연구」,『韓國考古學報』65, 15쪽.
8. 벽비리 또는 벽중을 대표하는 산이다. 여기서 249년 백제왕과 일본의 사신이 만나서 동맹의 서약을 하였다.『日本書紀』卷第9 神功皇后 49年 3月.
9. 『三國史記』新羅本紀 1 元聖王 6년 1월; 新羅本紀 11 文聖王 13년 2월.
10. 『東國輿地勝覽』全羅道 金堤郡 古跡;『高麗史』世家 仁宗 24년 2월.
11. 『三國遺事』王曆 "新羅第十六訖解尼師今 己丑始築碧骨堤 周□萬七千二十六步 □□百六十六步 水日一萬四千七十." □는 판독 불가. 두 번째 □을 岸으로 보았다. 水日의 日은 田의 잘못으로 보인다.
12. 『東國輿地勝覽』全羅道 金堤郡 古跡.
13. 『金堤趙氏世譜』卷1 附;『錦谷先生文集』卷18 行狀 高麗門下侍中左政丞趙公狀錄.
14. 한국정신문화연구원(1991),『한국민족문화대백과사전』김제시 민속 참조.

15. 『世宗實錄』22年 1月 30日.

16. 『太宗實錄』15年 8月 1日.

17. 『東國輿地勝覽』全羅道 金堤郡 古跡.

18. 『太宗實錄』17年 閏5月 28日.

19. 『世宗實錄』2年 9月 13日.

20. 『世宗實錄』地理志 全羅道 金堤郡. "本朝太宗十五年更築 以利小弊多 尋墜之."

21. 『梅月堂詩集』卷11 宕遊湖南錄 宿參禮驛.

22. 『佔畢齋集』卷21 詩 扶安古城樓.

23. 『谿谷集』卷29 五言律 送畸翁出守金堤四首.

24. 錢塘은 항주의 남쪽을 흐르는 강이다.

25. 『承政院日記』顯宗7년 2월 14일.

26. 『顯宗改修實錄』顯宗7년 2월 10일.

27. "今觀金堤之碧骨堤(全羅忠淸之名爲湖南湖西 由於此堤) 古阜之訥堤 益山全州之間黃登堤 皆是陂堤之巨者 有大利於一方 前古極一國之力成築 今皆廢缺 所缺者不過數十丈許 計其功不過千人一旬之力 比之初築 不啻萬分之一 無一人建議 深可歎惜 若使此三堤貯爲千頃之陂 則蘆嶺以上 永無凶年 而湖南民物可比蘇杭矣"(柳馨遠, 『磻溪隧錄』卷3 田制後錄 上 堤堰).

28. 李瀷, 『星湖僿說』卷3 天地文 碧骨堤.

29. 丁若鏞, 『牧民心書』卷11 工典 川澤.

30. 최부 지음, 김지홍 옮김(2009), 『표해록』(지식을 만드는 지식)을 참조.

최부 이외에 중국 절강성으로 표류했다가 귀환한 사람으로서 崔斗燦을 들 수 있다. 그는 1818년 제주에서 내륙으로 돌아오다가 표류했으며,『乘槎錄』이란 표류기를 남겼다. 최두찬 지음, 박동욱 옮김, 조남권 감수(2011),『승사록, 조선 선비의 중국 강남 표류기』(휴머니스트) 참조.

31. 최부 지음, 김지홍 옮김, 같은 책, 216~219쪽.

32. 최부 지음, 김지홍 옮김, 같은 책, 179, 260쪽.

33. [자료12-1]의 지도는 濱島敦俊(1982),『明代江南農村社會の構造』(東京大學出版會)에서 附錄으로 제시된 19세기 말의 地圖8 (吳江縣) 7圖12圩緩岸圖이고, [자료12-2]의 지도는 같은 책, 12쪽에 제시된 것이다.

34.『全羅道金堤郡內需司折受量案無主田畓時起打量成册』, 奎章閣圖書 18459.

4. 소중화의 국제질서

1. 윤은숙(2010),『몽골제국의 만주 지배사』, 소나무, 272~277쪽.

2.『太祖實錄』總序.

3. 윤은숙(2010), 같은 책, 281쪽.

4. 윤은숙(2010), 같은 책, 304~313쪽.

5. 이하 李穀 또는 李穡이 宋繫의 시를 수정한 고사는 尹漢宅 학형을 통해서 알게 되었다. 지면을 빌려 감사의 뜻을 표한다.

6. 宋繫,『燕石集』15卷.

7. 지구루는 중국과의 경계를 이룬 고구려의 성.

8. 貢士는 지방이나 외국이 중국 조정에 천거한 인재를 말한다. 여기서는 鄕試로서 고려의 과거에 합격하고 나서 원의 殿試에 응시하기 위해 올라온 수험생이란 뜻으로 쓰였다.

9. 牙緋는 象牙笏과 紅袍의 합칭으로 원 조정의 관리를 말한다.

10. 박치정(2017), 『한국 속 중국 – 중국의 정치문화와 한·중 관계 – 』, 삼화, 292쪽.

11. 최부 지음, 김지홍 옮김, 『표해록』, 233쪽.

12. 申采浩의 주장이다. 노태돈(2014), 『한국고대사』, 경세원, 37~38쪽을 참조.

13. 鄭道傳, 『朝鮮經國典』 國號.

14. 이상 본 절의 서술은 상당 부분 이영훈(2018), 『세종은 과연 성군인가』(백년동안)의 「기자의 나라」(147~151쪽)와 중첩하고 있다.

15. 계승범(2011), 『정지된 시간 – 조선의 대보단과 근대의 문턱 – 』, 서강대학교출판부, 262쪽.

16. 이하 명과의 사대관계에 관한 서술은 거의 계승범(2014), 『중종의 시대』(역사비평사)의 제3장과 제4장에 의존하고 있다. 일일이 인용 부호를 표기하거나 주석을 달지 않는다.

17. 계승범(2014), 『중종의 시대』, 125쪽.

18. 『論語』 顔淵.

19. 계승범(2014), 같은 책, 83~84, 89~90쪽.

20. 『孟子』 梁惠王 下.

21. 種類는 族類라고도 하였다. 족류에 대해서는 박찬승(2016), 『민족·민

족주의』, 小花, 54~57쪽 참조.

22. 계승범(2011), 『정지된 시간-조선의 대보단과 근대의 문턱-』, 89~90쪽.

23. Angus Maddison(2006), *The World Economy*, OECD, p.263.

24. 이하 大報壇 관련 서술은 거의 계승범(2011), 『정지된 시간-조선의 대보단과 근대의 문턱-』에 의존하고 있다. 일일이 인용을 표기하거나 주석을 달지 않는다.

25. 계승범(2011), 같은 책, 130~132쪽.

26. 계승범(2011), 같은 책, 139~141쪽.

27. 계승범(2011), 같은 책, 145쪽.

28. 금장태(2009), 『귀신과 제사-유교의 종교적 세계-』, 제이앤씨, 93~108쪽. 이와 별도로 본 절의 상당 부분은 이영훈 편저(2018), 『반일종족주의』(책세상)의 「토지기맥론」, 「유교적 사생관」(240~244쪽)과 겹치고 있다.

29. 안대회(2009), 「성시전도시와 18세기 서울의 풍경」, 『古典文學硏究』 35, 219쪽.

30. 이수미에 의하면 「太平城市圖」는 宋의 汴京(開封)을 그린 「淸明上河圖」를 수용하면서 그것을 조선의 풍속과 행동 양식으로 표현한 것이다. 李秀美(2004), 「國立中央博物館 所藏 〈太平城市圖〉 屛風 硏究」, 서울대학교 대학원 고고미술사학과 박사학위논문, 98쪽.

31. 이영훈(2006), 「18세기 남성 복식 스케치」, 한국고문서학회 엮음, 『의식주, 살아있는 조선의 풍경』, 역사비평사, 16~55쪽.

32. 李秀美(2004), 「國立中央博物館 所藏 〈太平城市圖〉 屛風 研究」, 77~78쪽.

33. 1120년경 淸明節에 張擇端이 宋의 수도 汴京를 그린 그림이다. 변경을 흐르는 汴河를 사이에 두고 교외, 시내, 배, 다리, 성문, 시가 등에 펼쳐진 술집, 상점, 노점, 상인, 우마차, 군중 등을 극히 사실적으로 표현한 그림이다.

34. 박현욱 옮김(2015), 『성시전도시로 읽는 18세기 서울』, 보고사, 42~43쪽. 시 중의 汴水는 송의 수도 汴京을 가리킨다.

35. 박현욱 옮김(2015), 같은 책, 114~115쪽. 시 중의 金陵은 명의 수도인 南京을, 仇十洲는 명의 궁정화가 仇英을 말한다.

36. 유봉학(1995), 『燕巖一派 北學思想 硏究』, 一志社.

37. 『珠淵集』 卷1 詩 大報壇親享日有感 辛未; 韓國精神文化硏究院(1999), 『高宗文集』, 9쪽

38. '풍천의 감회'라 함은 왕조가 망하고 시대가 바뀜에 따른 서글픈 감정을 말한다. 여기서는 명의 멸망에 대한 悲感을 의미한다.

39. 『承政院日記』 高宗13年 3月 25日.

40. 『珠淵集』 卷1 詩 大報壇享夕感懷有作; 韓國精神文化硏究院(1999), 『高宗文集』, 10쪽.

41. 계승범(2011), 『정지된 시간-조선의 대보단과 근대의 문턱-』, 237~241쪽.

42. 『珠淵集』 卷1 序 皇明實錄 戊戌; 韓國精神文化硏究院(1999), 『高宗文集』, 15~16쪽.

43. 계승범(2011), 같은 책, 264~265쪽.

44. 岸本美緒(1998), 「東アジア·東アジア伝統社会の形成」, 『岩波講座世界歷史13』, 岩波書店, 45~47쪽.

45. 岸本美緒(1998), 같은 논문, 47~49쪽.

46. 坪井善明(1994), 「ヴエトナムにおける〈独立〉」, 『アジアから考える4 社会と国家』, 東京大学出版会.

47. 岸本美緒(1998), 같은 논문, 52~53쪽.

48. 이는 사실이 아니다. 조선과 중국의 복식은 예로부터 같지 않았다. 본문에서 설명한 대로 조선의 복식은 전통적으로 좌임이고 중국은 단령이었다.

49. 岸本美緒(1998), 같은 논문, 50~52쪽.

5. **소상팔경: 조선의 이상향**

1. 정철웅(2002), 『역사와 환경 - 중국 명청 시대의 경우』, 책세상, 91쪽.

2. "而且况柈邑 卽堤洑根本之地 觀於碧骨之設堤 而湖南之以湖得稱 亦可知之 其間疏幾堤築幾洑 能有實效當採探"(『弘齋全書』 卷52 策文).

3. 팔경의 해설, 그 대상이 된 오늘날의 위치와 지명에 대해선 전경원(2007), 『소상팔경 - 동아시아의 시와 그림 - 』(건국대학교출판부), 64~78쪽 참조.

4. 전경원(2007), 같은 책, 57~60쪽.

5. 『高麗史節要』 卷13 明宗15年.

6. 안휘준(2000), 『한국 회화의 이해』, 시공사, 144~149쪽.

7. 『直齋集』 卷8 記 喚僊亭記.

8. 『春洲遺稿』 卷1 詩. 앞의 몇 수를 포함하여 이하 여러 시의 검색과 해석에 있어서는 한국고전번역원의 한국고전종합DB(https://db.itkc.or.kr/), 전경원(2007)의 『소상팔경 – 동아시아의 시와 그림 – 』(건국대학교출판부), 전경원(2017)의 『동아시아의 이상향 – 무릉도원·소상팔경 – 』(국학자료원)에 크게 의존하였다. 이하에서는 일일이 인용의 출처를 밝히기가 번거롭기도 하고, 한국고전종합DB의 경우 인용의 형식도 마땅치 않고 해서, 여기서 감사의 뜻을 표함과 더불어 일체 생략함을 미리 밝힌다. 시의 번역에서는 필자 나름으로 수정을 가하기도 하였다.

9. 『竹軒先生遺集』 上 詩 寄金雜端 幽居. 시 중에 甯武子에 대한 언급의 취지는 다음과 같다. 『論語』 公冶長에 나오는 영무자는 세상이 無道하면 미친 척하고 세상이 有道하면 슬기로워진 인물이다. 공자는 미친 척하는 영무자를 칭찬했지만, 나계종의 뜻은 달랐다. 그는 세상에 도가 있으나 없으나 마음에 품은 도를 따라 한길을 살겠다고 다짐하였다.

10. 碧湖는 푸른 호수라는 보통의 뜻으로 쓰이기도 하였다. 노파심에서 하는 지적인데, 여기서 벽호는 오늘날 담양 인근의 광주호가 아니다. 광주호는 제3장에서 지적한 대로 1970년대 영산강 유역 치수 사업의 일환으로 조성된 인공호수이다. 조선 시대 담양 인근에 큰 호수는 없었다.

11. 諸橋轍次(1956), 『大漢和辭典』 卷7, 大修館書店, 339쪽.

12. 『承政院日記』 景宗3年 7月 11日.

13. 김진영·김현주 역주(1997), 『홍보전』, 박이정, 121쪽.

14. 전경원(2007), 『소상팔경 – 동아시아의 시와 그림 –』, 83쪽.

15. 전경원(2007), 같은 책, 24쪽.

16. 『中宗實錄』 中宗30年 5月 15日. 중종이 漢城의 西郊에 거둥하여 한강을 바라보며 동정추월의 시제를 내린 것과 관련해서 다음의 사실을 상기해 둔다. 조선이 그의 자연을 중국풍으로 감각함은 비단 벽골제에 기인하는 호남 칭의 성립에 한하는 현상이 아니었다. 16~17세기 한성의 사대부들은 서교의 한강을 西湖라고 불렀다. 이는 그들이 중국의 소강남을 열망하고 그 속에 살고 있다는 감각을 대변하였다. 정민(2002), 「16·7세기 문인지식인층의 江南熱과 西湖圖」, 『古典文學研究』 22 참조.

17. 지영재(2003), 『서정록(西征錄)을 찾아서』, 푸른역사, 55~63, 157~162, 543쪽.

18. 李齊賢, 『益齋亂稿』 卷3 詩.

19. 鄭士龍, 『立巖集』 卷3 洞庭秋月.

20. 趙昱, 『龍門集』 卷3 滋之求八景之作 率爾錄呈.

21. 權相一, 『清臺集』 卷3 瀟湘八景 八景幷四鶴 作十二帖寢屏 洞庭秋月.

22. "萬頃邑於碧湖之下流"(俞棨, 『市南先生文集』 卷19 記 芙蓉堂記).

23. 趙昱이 소상팔경의 시를 지은 것은 그가 은거한 경기도 龍門山에서였다. 그가 운운한 '碧湖'는 관념상의 호수로 전라도 김제의 벽골제는 아니었다고 보인다.

24. 『三國史記』 卷35 志5 地理3.

25. 제3장에서 소개한 金時習은 關東을 기행한 후 湖南에 들러 그 물산의 풍족함을 노래하였다(金時習, 『梅月堂詩集』 卷11 詩 宏遊湖南錄後志). 그런데 그가 애써 찾은 벽골 호수는 이미 말랐고 담긴 물이라곤 더러운 채소밭 몇 結을 적실 정도에 불과하였다("湖則碧骨律湖 今已涸矣 而所瀦者 汚菜數頃而已").

26. 이상 18~19세기 장편 대하소설에 관한 소개는 한국콘텐츠진흥원이 제공하는 문화콘텐츠닷컴(http://www.culturecontent.com/)의 「문화원형백과 조선 시대 대하소설」에 의존한 것이다.

27. 이상 소개한 『구운몽』의 판본은 송성욱 옮김(2003)의 『구운몽』(민음사)임을 밝혀둔다.

28. 권영호 역주(2014), 『윤선옥전·춘매전·취연전』, 박이정, 160~161쪽. 글 중의 陽臺는 중국 泗川省 奉節의 夔州에 있는 巫山巫峽의 지명으로 유명한 雲雨之情의 고사가 나온 곳이다.

29. 김진영·김형주·김희찬 편저(1997), 『춘향전전집1』, 박이정, 「신재효 남창 춘향가」, 36~37쪽.

30. 김진영·김형주·김희찬 편저(1997), 같은 책, 「백성환창본춘향가」, 226~227쪽. 인용에 있어서는 대본 그대로가 아니라 현대어로 바꾸어 줄거리만 취하였다. 이 대본에서 춘향은 다른 대본에서와 달리 두 차례 꿈을 꾸는데, 첫 번째 꿈에서는 칠성성군을 만나고 두 번째 꿈에서는 본문에서와 같이 순 임금의 두 부인을 만난다.

31. 金榮洙(2001), 『筆寫本 沈靑傳 硏究』, 민속원, 114~118쪽.

32. 김진영·김현주·김영수·김지영 편저(1997), 『심청전 전집2』, 박이정,

「김소희 창본 심청가」, 164~165쪽.

33. 金榮洙(2001), 같은 책, 279~280쪽.

34. 金榮洙(2001), 같은 책, 298~303쪽.

35. 朴琮, 『鐺洲集』 卷15 白頭山遊錄.

36. 박현욱 옮김(2015), 『성시전도시로 읽는 18세기 서울-13종 성시전도시 역주-』, 167~168쪽.

37. 李肯翊, 『燃藜室記述』 別集 卷16 地理典故 摠地理.

38. 김지남 외, 이상태 외 옮김(1998), 『조선 시대 선비들의 백두산 답사기』, 혜안, 313쪽.

6. 20세기에 드리운 중화사관

1. 고종은 위기의 정국을 맞아 무려 7회나 서울 주재 외국 공사관에 파천을 요청하였다. 그중 한 차례 성공한 것이 1896년의 俄館播遷이다. 김용삼(2020), 「고종의 습관성 파천과 국가의식」, 이영훈 편, 『반일종족주의와의 투쟁』, 미래사, 319쪽.

2. 柳麟錫, 『毅菴集』 卷25 書 與中華國政府.

3. 金肯現, 『定岡日記』 1938년 6월 6일; 이영훈(2009), 「성리학 전통에 비친 대한민국의 건국」, 『정신문화연구』 32-2, 한국학중앙연구원, 41쪽.

4. 金麟洙, 『致齋日記』 1938년 6월 6일, 1945년 1월 20일, 9월 19일; 이영훈(2009), 같은 논문, 40~42쪽.

5. 金麟洙, 『致齋日記』 1932년 8월 14일.

6. 『開闢』 1925년 4월호, 88~94쪽.

7. 韓國精神文化硏究院(1994), 『恥齋日記』(一) 恥齋日記序 3쪽.

8. 金麟洙, 『致齋日記』 1945년 9월 19일.

9. 金麟洙, 『致齋日記』 1947년 2월 7일.

10. 渡邊彰, 「萬東廟の沿革」, 『朝鮮彙報』 1917년 8월호.

11. 『京城日報』 1937년 12월 14일.

12. 신복룡(2020), 「중국은 우리에게 누구인가」(미발표 에세이)

13. 배경한(2007), 『쑨원과 한국』, 한울아카데미, 54쪽.

14. 睨觀申圭植先生遺著, 『韓國魂』, 睨觀先生紀念會刊, 1955, 臺灣, 104쪽.

15. 배경한(2011), 「신해혁명 전후시기 손문의 아시아인식」, 『중국근현대사연구』 52, 13쪽.

16. 배경한(2007), 『쑨원과 한국』, 한울아카데미, 133쪽.

17. 배경한(2017), 「윤봉길 의거 이후 蔣介石·국민정부의 한국 독립운동 지원과 '長期抗戰'」, 『歷史學報』 236.

18. 정병준(2014), 「카이로회담의 한국 문제 논의와 카이로선언 한국조항의 작성 과정」, 『역사비평』 107, 317쪽.

19. 정병준(2014), 같은 논문, 316쪽.

20. 裵京漢(2010), 「중일전쟁시기 蔣介石·國民政府의 對韓政策」, 『歷史學報』 208, 288~291쪽.

21. 이 절의 원고를 다 쓴 뒤 서울대학교 중앙도서관의 그 방을 다시 찾았다. 소파 위에 놓인 그 안내문은 치워져 있었다. 잘한 일이다. 그렇지만

도서관 요처의 넓은 방을 특별히 할당한 가운데 한쪽 벽을 습근평의 방문을 기념하는 전시관으로 장식한 분위기에는 변함이 없다. 학술적으로 가치가 귀중한 도서들도 아니니다. 마땅히 특별 전시를 중단하고 다른 기증도서와 마찬가지로 간단한 안내 팻말과 더불어 일반 서가의 일부로 재배치할 일이다.

22. 1930년대 나치즘과 공산주의라는 전체주의를 초래한 요인으로의 정치가나 지식인의 "알아서 기는" 자세에 대해서는 다음의 에세이를 참조할 수 있다. 윤용준, 「악몽처럼 읽은 책 이야기」, 『펜앤드마이크』 2018년 3월 8일.

23. 박종인(2017), 「박종인의 땅의 歷史」, 『朝鮮日報』 2017년 3월 15일.

24. 강규형(2020), 「전(前)근대 사회로 역주행하는 한국은 후조선(後朝鮮)이 되는가」, 『팬앤마이크』 2020년 5월 26일.

25. 이영훈(2018), 『세종은 과연 성군인가』, 백년동안.

7. 끝내는 말

1. 이승만 지음, 박기봉 교정(2018), 『독립정신』, 비봉출판사, 391~392쪽.

참고문헌

1. 자료

- 『松堂集』.
- 『谿谷集』.
- 『高麗史節要』.
- 『高宗文集』.
- 『錦谷先生文集』
- 『金堤趙氏世譜』
- 『鐺洲集』.
- 『東國輿地勝覽』.
- 『論語』.
- 『龍門集』.
- 『立巖集』.
- 『萬機要覽』.
- 『梅月堂詩集』.
- 『孟子』.
- 『牧民心書』.
- 『民籍統計表』.

- 『磻溪隧錄』.
- 『三國史記』.
- 『三國遺事』
- 『三國志』.
- 『星湖僿說』.
- 『世宗實錄』.
- 『承政院日記』.
- 『市南先生文集』.
- 『雅言覺非』.
- 『輿地圖書』.
- 『燃藜室記述』.
- 『燕石集』.
- 『毅菴集』.
- 『益齋亂稿』.
- 『日本書紀』.
- 『全羅道金堤郡內需司折受量案無主田畓時起打量成册』, 奎章閣圖書 18459.
- 『佔畢齋集』.
- 『定岡日記』
- 『朝鮮經國典』.
- 『珠淵集』
- 『竹軒先生遺集』.

- 『中宗實錄』
- 『直齋集』.
- 『淸臺集』.
- 『春洲遺稿』.
- 『致齋日記』
- 『太祖實錄』.
- 『太宗實錄』.
- 『顯宗改修實錄』.
- 『湖南線建設槪要』.
- 『弘齋全書』.

2. 번역·주석본·기타

- 「朝鮮彙報」.
- 「京城日報」.
- 『開闢』.
- 권영호 역주(2014), 『윤선옥전·춘매전·취연전』, 도서출판 박이정.
- 김진영·김현주 역주(1996), 『춘향가－名唱 張子伯 唱本－』, 도서출판 박이정.
- 김진영·김현주 역주(1997), 『흥보전』, 도서출판 박이정.
- 김진영·김형주·김희찬 편저(1997), 『춘향전 전집 1』, 도서출판 박이정.
- 김진영·김현주·김영수·김지영 편저(1997), 『심청전 전집』, 도서출판 박이정.

- 전북대학교박물관·한국도로공사(2003), 『金堤 大木里·長山里·莊山里 遺蹟』.
- 한국고전번역원, 「한국고전종합DB」, https://db.itkc.or.kr/
- 문화콘텐츠닷컴, 「문화원형백과 조선 시대 대하소설」, http://www.culturecontent.com/

3. 저·역서

- 계승범(2014), 『중종의 시대』, 역사비평사.
- 계승범, 『정지된 시간 – 조선의 대보단과 근대의 문턱-』, 서강대학교출판부.
- 금장태(2009), 『귀신과 제사 – 유교의 종교적 세계-』, 제이앤씨.
- 金榮洙(2001), 『筆寫本 沈青傳 研究』, 민속원.
- 김지남 외 지음, 이상태 외 옮김(1998), 『조선 시대 선비들의 백두산 답사기』, 혜안.
- 노태돈(2014), 『한국고대사』, 경세원.
- 박찬승(2016), 『민족·민족주의』, 小花.
- 박치정(2017), 『한국 속 중국 – 중국의 정치문화와 한·중 관계-』, 삼화.
- 박현욱 옮김(2015), 『성시전도시로 읽는 18세기 서울』, 보고사.
- 배경한(2007), 『쑨원과 한국』, 한울아카데미.
- 濱島敦俊(1982), 『明代江南農村社會の構造』, 東京大學出版會.
- 森浩一 他(2003), 『古代日本と百濟』, 大巧社.
- 송성욱 옮김(2003), 『구운몽』, 민음사.

- 안휘준(2000), 『한국 회화의 이해』, 시공사.
- 睨觀申圭植先生遺著(1955), 『韓國魂』, 睨觀先生紀念會刊, 臺灣.
- 유봉학(1995), 『燕巖一派 北學思想 硏究』, 一志社.
- 윤은숙(2010), 『몽골제국의 만주 지배사』, 소나무.
- 이승만 지음, 박기봉 교정(2018), 『독립정신』, 비봉출판사.
- 이영훈 편저(2018), 『반일종족주의』, 미래사.
- 이영훈 편저(2020), 『반일 종족주의와의 투쟁』, 미래사.
- 이영훈(2016), 『한국경제사Ⅰ』, 일조각.
- 이영훈(2016), 『한국경제사Ⅱ』, 일조각.
- 이영훈(2018), 『세종은 과연 성군인가』, 백년동안.
- 전경원(2007), 『소상팔경-동아시아의 시와 그림-』, 건국대학교출판부.
- 전경원(2017), 『동아시아의 이상향－무릉도원·소상팔경－』, 국학자료원.
- 정철웅(2002), 『역사와 환경－중국 명청 시대의 경우』, 책세상.
- 諸橋轍次(1956), 『大漢和辭典』 卷7, 大修館書店.
- 지영재(2003), 『서정록(西征錄)을 찾아서』, 푸른역사.
- 최두찬 지음, 박동욱 옮김, 조남권 감수(2011), 『승사록, 조선 선비의 중국 강남 표류기』, 휴머니스트.
- 최부 지음, 김지홍 옮김(2009), 『표해록』.
- 한국고고환경연구소 편(2010), 『한국고대의 수전농업과 수리시설』, 서경문화사.
- 허수열(2011), 『일제초기 조선의 농업』, 한길사.
- 홍금수(2008), 『전라북도 연해지역의 간척과 경관변화』, 전라북도·국립

민속박물관.
- Angus Maddison(2006), *The World Economy*, OECD.

4. 논문

- 강규형(2020), 「전(前)근대 사회로 역주행하는 한국은 후조선(後朝鮮)이 되는가」, 『펜앤드마이크』 2020. 05.26, http://www.pennmike.com/news/articleView.htmlidxno=31804
- 곽종철(2010), 「청동기시대–초기철기시대의 수리시설」, 한국고고환경연구소편, 『한국 고대의 수전농업과 수리시설』, 서경문화사.
- 菅野修一(1986), 「李朝初期農業水利の發展」, 『朝鮮學報』 119·120.
- 김미영(2010), 「불천위 추대 기준에 대한 제도적 담론적 고찰–안동지역 사례를 중심으로-」, 『국학연구』 17.
- 김승옥(2007), 「금강 유역 원삼국–삼국 시대 취락의 전개과정 연구」, 『韓國考古學報』 65.
- 김환기(2008), 「김제 벽골제의 토목공학적 고찰」, 『대한토목학회지』 56-12.
- 南宮熢(1990), 「河川流域一帶 干潟地上의 干拓聚落 類型에 관한 硏究–萬頃江·東津江流域을 事例地域으로–」, 서울대학교 대학원 지리학과 박사학위논문.
- 박상현·최강원·이광야·엄명철·안중식(2003), 「벽골제의 방조제 가능성에 관한 연구」, 『한국관개배수』 10-1.
- 박수진(2009), 「한반도 평탄지의 유형분류와 형성과정」, 『대한지리학회지』 44-1.

• 박종인(2017), 「박종인의 땅의 역사」, 『朝鮮日報』 2007년 3월 15일.
• 裵京漢(2010), 「중일전쟁시기 蔣介石·國民政府의 對韓政策」, 『歷史學報』 208.
• 배경한(2011), 「신해혁명 전후시기 손문의 아시아인식」, 『중국근현대사연구』 52.
• 배경한(2017), 「윤봉길 의거 이후 蔣介石·국민정부의 한국 독립운동 지원과 '長期抗戰'」, 『歷史學報』 236.
• 범선규(2003), 「'조선 8도'의 별칭과 지형의 관련성」, 『대한지리학회지』 38-5.
• 서해숙(2017), 「호남지역 불천위제례의 역사문화적 전통과 현대적 조응」, 『남도민속연구』 34집.
• 小山田宏一(2003), 「古代河内の開發と渡來人 - 田堤·碧骨堤·狭山池 -」, 森浩一 他, 『古代日本と百濟』, 大巧社.
• 小山田宏一(2003), 「백제의 토목기술」, 『고대 동아시아와 백제』, 충남대학교 백제연구소.
• 신복룡(2020), 「중국은 우리에게 누구인가」(미발표 에세이)
• 안대회(2009), 「성시전도시와 18세기 서울의 풍경」, 『古典文學研究』.
• 岸本美緒(1998), 「東アジア·東アジア伝統社会の形成」, 『岩波講座世界歴史13』, 岩波書店.
• 안상진·백남대(2001), 「김제의 벽골제(碧骨堤)」, 『토목』 49-9.
• 양선아(2012), 「19세기 宮房의 干拓 - 扶安 三間坪 龍洞宮 庄土를 중심으로-」, 『한국문화』 57.

- 尹武炳(1976),「金堤 碧骨堤 發掘報告」,『百濟硏究』7.
- 윤용준(2018),「악몽처럼 읽은 책 이야기」,『펜앤드마이크』, 2018.03 08, http://www.pennmike.com/news/articleView.htmlidxno=3406
- 李基白(1970),「永川 菁堤碑의 丙辰銘」,『考古美術』106·107.
- 李秀美(2004),「國立中央博物館 所藏 〈太平城市圖〉 屛風 硏究」, 서울대학교 대학원 고고미술사학과 박사학위논문.
- 이영훈(2006),「18세기 남성 복식 스케치」, 한국고문서학회 엮음,『의식주, 살아있는 조선의 풍경』, 역사비평사.
- 이영훈(2007),「조정래와 MBC의 반박에 대한 재반박」,『時代精神』36.
- 이영훈(2009),「성리학 전통에 비친 대한민국의 건국」,『정신문화연구』32-2, 한국학중앙연구원.
- 정민(2002),「16·7세기 문인지식인층의 江南熱과 西湖圖」,『古典文學硏究』22.
- 정병준(2014),「카이로회담의 한국 문제 논의와 카이로선언 한국조항의 작성 과정」,『역사비평』.
- 坪井善明(1994),「ヴエトナムにおける〈独立〉」,『アジアから考える4 社会と国家』, 東京大学出版会.
- 浩森一(1993),「溝·堰·濠の技術」,『古代日本の技術と知慧』, 大阪書籍.

찾아보기

ㅇ

이영훈李榮薰은 서울대학교 사회과학대학 경제학과를 졸업하고 같은 학교 대학원에서 경제학 박사 학위를 받았다(1985). 지곡서당芝谷書堂에서 한학을 공부하였다(1977~1982). 한신대학 경제학과 교수, 성균관대학교 경제학부 교수를 거쳐 2002년 이후 서울대학교 경제학부 교수로 재직하다가 2017년에 정년을 하였다. 경제사학회, 한국고문서학회, 한국제도경제학회 회장을 역임하였다. 현재는 이승만학당의 교장을 맡고 있다.
주요 저서로는 『조선후기사회경제사朝鮮後期社會經濟史』(한길사, 1988), 『수량경제사로 다시 본 조선후기』(공저, 서울대학교출판부, 2004), 『대한민국역사』(기파랑, 2013), 『한국경제사』 I·II (일조각, 2016), 『반일 종족주의』(공저, 미래사, 2019)가 있다. 청람상青藍賞(한국경제학회, 1990), 봉래상蓬萊賞(봉래학술문화재단, 2008), 경암학술상耕岩學術賞(경암교육문화재단, 2013), 월봉저작상月峰著作賞(월봉한기악선생기념사업회, 2017) 등을 받았다.

환상의 나라 2

호수는 어디에 호서와 호남은 없다

펴낸날 **초판 1쇄 2021년 3월 15일**

지은이 **이영훈**
펴낸이 **김광숙**
펴낸곳 **백년동안**
출판등록 **2014년 3월 25일 제406-2014-000031호**

주소 **경기도 파주시 광인사길 22**
전화 **031-941-8988**
팩스 **070-8884-8988**
홈페이지 **http://www.백년동안.com**
이메일 **on100years@gmail.com**

ISBN 979-11-86061-75-6 04910
979-11-86061-59-6 04910 (세트)

※ 값은 뒤표지에 있습니다.
※ 잘못 만들어진 책은 구입하신 서점에서 바꾸어 드립니다.
※ 각각의 그림에 대한 저작권을 찾아보았지만 찾아지지 못한 그림은
저작권자를 알려주시면 그에 맞는 대가를 지불하겠습니다.